寻根溯源学汉字 轻松易懂又有趣

一字一世界

⑱
Y

颜煦之 著

认识汉字·理解汉字·掌握汉字·运用汉字

湖南教育出版社

图书在版编目（CIP）数据

一字一世界. 18, Y / 颜煦之著. —长沙：湖南教育出版社，2019.4
ISBN 978-7-5539-6425-6

Ⅰ.①一… Ⅱ.①颜… Ⅲ.①汉字—通俗读物 Ⅳ.①H12-49

中国版本图书馆CIP数据核字(2018)第232506号

责任编辑：李 好	丛书策划：申晓华	审读统筹：申晓华
	版式设计：申曜年	责任校对：鲁 丽

一字一世界 18, Y
YI ZI YI SHIJIE 18, Y

出版发行：湖南教育出版社
（地址：湖南省长沙市韶山北路443号 邮编：410007）
经　　销：全国新华书店
印　　刷：北京盛通印刷股份有限公司
（地址：北京市经济技术开发区经海三路18号）
版　　次：2019年4月第1版
印　　次：2019年4月第1次印刷
开　　本：787 mm×1092 mm　1/16
印　　张：13
字　　数：160千
定　　价：39.80元
书　　号：ISBN 978-7-5539-6425-6

序

为他人写序无数，还从来没有一次像写这个序那样踌躇，那样焦虑，那样迟迟不能下笔，一再延宕。本是一件"轻而易举"的事，却总是不能完成，几乎日日纠结在心。自己都觉得奇怪。今天，终于坐到了桌前。因为，实在不能再拖延了——那边在急切地等着发稿呢。

造成如此状况，大概是因为我和煦之先生的友情实在太深、太浓、太厚了——总想写一个对得起朋友的序，正是这番对友情的特别在意，使得自己反而一拖再拖难以落笔了。

其实，这个序写得好或坏是无所谓的，甚至可以没有这个序，因为，他做的事，白纸黑字都明明白白地摆在眼前，其价值和意义是不用人再絮叨的。写个序，只是戴个"帽子"，不至于看上去太"秃"罢了，将区区一个小序看得那样"严重"，实在没有必要。

两年前在南京与煦之先生相会，他送了我一套他著的趣谈汉字的书，厚厚四册，我当时十分吃惊。回到酒店，埋在沙发中翻看，见他做的竟然还是含了学术——甚至是很学术的事情，更是吃惊。后来，我遇见谁都会提起这套书，一说书的妙、书的趣；二说煦之先生做事总不按常规，动不动就干出出人意料的事情来。不久，与好友方国荣先生谈出版之事，听他兴致勃勃地说要做一套关于汉字与人生方向的书，便立即将煦之先生的著作介绍给他。他也吃惊不小，很快就和煦之先生联系上了，没想到煦之先生竟神奇地又成就了一套方国荣先生心中所希求的新书。

此套书共十一册，还是关于汉字的。

细想想煦之先生做成此事，其实也无令人吃惊之处。他这个人，既是性情中人，又是一个执专心的人。一旦决定做一件事了，天底下也就只有这样一件事了。雷打不动，五头大牛未必能将他拽回。若是在夏季做事，你都能想见他干活时的样子：将门关住，短裤背心，甚至赤膊上阵，宽阔的脑门子上汗津津的，短而厚的手捉住笔就不肯放下，困顿时冲冲凉水澡，拍拍胸脯，拍拍脑门，提提神，接着再干。你以为他做的事，总出乎情理，而事实上，他做事就像他的体型一般稳重，方而正。这也是他的品格。

这一回，他的事做得有点大。

汉字文化，是个大题目，是一个意义非凡的大题目。九年义务教育新课程标准已经出台，与此前课标相比，其中一条被特别强调：要使学生懂得，汉字不只是一种纯粹的书写符号，也蕴含深厚的文化。煦之先生的研究事先当然与新课标毫无关系，只是他的思考与新课标的新维度暗合了。这也许是真知灼见者的不谋而合——所谓"英雄所见略同"。这套书，无意中可成为日后学生和语文老师学习、讲解语文的难得的参考书籍。

汉字是中国人极端聪明、非凡才智的结晶。有人在拿它与种种拼音文字进行比较时，故作深刻地说拼音文字是高度抽象能力的结果，那意思是说人家的东西要比我们的技高一筹。此等说法，不免肤浅。他们将象形文字的汉字，看成了依样画葫芦式的幼稚了，殊不知它的抽象能力其实是无与伦比的。这一个个神秘的方块字，无所不能，说事说理，皆妙不可言。我们可用它最完美地叙述这个世界，也可用它阐述这个世界上最精辟的原理和哲思。它的高度活性，字与字之间的微妙差异以及组词之后的无限能力，是任何一个熟练掌握它的人都会感到惊讶的。它是"魔方"。具象与抽象的完美统一，已抵达天造地设般的境界，使人觉得它本是造物主所使用的文字，是天然的。

更妙的是，一个个字，并不只是说事说理的符号，它们自身就是有意味的，甚至是有无穷意味的，一个个都是可以加以解读和欣赏的。从它们诞生的那一刻开始，它们就负载了若干意味。它们在不断变形的过程中，还暗含了历史的变迁。到了今天，每一个字，都有它的历史。"一字一世界"，还不抽象吗？抽象程度还要多高？可它确实又是形象的，因此，它与别种文字相比，又有了一个特殊的功能：审美。

它直接产生了一门艺术：书法。

从古至今，那些书法大家，用他们各具特色的书写，为我们提供了一个丰富的艺术世界。这个世界陶冶了中国人的性情，提升了中国人的生命境界。

煦之先生对汉字的认识价值和审美价值的理解与分析，就在这十一册书中。

写到此处，我忽然想起两件事来。一件是，好几年前，有个思维独特的年轻人四处奔走，并到处分发传单，说他经过长时间的研究发现，以英语为代表的拼音文字，其实也是一种象形文字。可是没有一个专家理会他。现在，这个年轻人不知到哪里去了，不知是否还在坚持他的"异端邪说"、继续他的"荒唐"研究。另一件是，一个大规模的制作和推广英语电子词典的公司的老板，向我展示了他的研究成果。他的研究成果与那个年轻人的结论一致，只是更加学理化：英语，也是一种象形文字。他当场向我解读了一个个英语单词，告诉我它们都是"象形的"。这个老板是学英语出身的，我当然不敢苟同他们的看法。但这两件事，倒使我看到了一个认识上的变化：作为象形文字的汉字，倒成了人家比附的文字了。

进入汉字魔方吧，其乐无穷。

2014年11月1日于北京大学蓝旗营小区

曹文轩，当代著名作家，精擅儿童文学，任北京作家协会副主席，北京大学教授，现当代文学博士生导师，儿童文学委员会委员，中国作家协会鲁迅文学院客座教授，是中国少年写作的积极倡导者、推动者。主要文学作品有《山羊不吃天堂草》《草房子》《天瓢》《红瓦》《根鸟》《细米》《青铜葵花》《大王书》等。

自序

当你拿起这本书，翻到这一面，我们就算有了一面之交。我很想拉着你的手，跟你聊两句。不多，就这么几句。

我这人一生与书有缘：读书、教书、编书、写书、出书、卖书、藏书……虽然如此，而今我却还是常读错字、写错字、用错字，还有很多不认识的字。究其原因，跟自己菲才寡学、天资愚钝有关。另外，恐怕跟汉字既多又难认难记有关。

汉字大约有十万个，常用的虽然只有三千来个，但要记住却非易事。据说，外国人把最难办的事说成"这比学汉字还难"。正因为此，近几十年来，国家成立专门机构，搞汉语拼音和汉字简化。

如今，全球有数千万"老外"学汉语，加上母语为中文的华人，使用汉字的多达十四亿人。怎样让这么多人轻松愉快地学汉字，是件十分有意义的事。我愿为此稍尽绵薄，所以编写了这本书。

汉字，是世界文化的明珠，是中华民族的骄傲。汉字，是先民们历经数千年，把对自然和社会的认识，巧妙地移植到一笔一画上而形成的。汉字，源远流长，魅力无穷，超群绝伦，华夏儿女应该发扬继承。

汉字，不仅仅是符号。对汉字，光凭眼睛看是不够的，形、音、义三位一体，那得细细品味，慢慢咀嚼，才能品出味儿来。有些字，是一幅生动的图画；有些字，是一个有趣的故事；有些字是一段复杂的历史；有些字，说的是生活常理；有些字，谈的是科学道理；有些字，讲的是深刻的哲理。每一个字，都值得我们欣赏、品味和探讨。若三五同好，聚在一起，谈古说今，咬文嚼字，得其三昧，那真是其乐无穷。

前人和当今有识之士，对汉字做了大量深入的研究，著述浩如烟海，硕果累累。作为门外汉，我不揣冒昧，也挤将进来，凑个热闹。

我将两千多个常用字，以科学分析和有趣故事相结合的方式，编写成这套书。我所讲解的每一个字，分为前后两部分。前半部分，我将这个字的形成、演变过程以及字形、字义、读音作简要介绍。凡此，仁者、智者，各有见解。我博采众长，或综合为一，或分别罗列，任君选择。后半部分，我以小故事等形式，更形象、更生动地来解释这个字的形、音、义。我不仅讲这个字的用法，而且讲这个字的结构特征，讲这个字笔画的用意，讲这个字和相似字之间的区别。我还特别注意解释字的读音，以便区别这个字与其它谐音字之间的区别与联系。我讲了两千多个汉字故事，与这些故事相关联的汉字有六千多个，几乎包括了所有的常用字。这便是字中有字，这才是真正的汉字故事。

顺便说一句，这里的故事，有些是我的创作；有些是据资料编写；有些是来自民间的汉字俗解。其中有些内容，"俗文学"也罢，荒诞也罢，读者朋友切莫当真。你尽可把先贤们的论著当作学术理论，把我这儿写的，权且当作插科打诨。因为我的目的很简单，我只是想通过这些小故事、小笑话，以及诗词、对联、谜语、民歌、童谣、字谜、谐音、测字、解字、解梦、避讳这些形式，加上奇闻轶事、文坛掌故……以此搭座桥、凑个趣，使朋友们认识这些字，辨别这些字，掌握这些字，记住这些字。

我愿把这套书，献给对汉字情有独钟的朋友。让大家在茶余饭后，有个谈笑的话题。这种话题，雅俗共赏。

我愿把这套书，献给学汉字的外国朋友。让他们更多地了解汉字的丰富多彩。愿他们在轻松愉悦中掌握汉字。

我愿把这套书，献给青少年朋友们。让他们在课外阅读时，带着笑脸，品味每一个字的结构和内涵。

我愿把这套书，献给我的教师同行们，为他们在备课时提供点资料，使他们在讲课时增加点情趣，让他们在课堂上引发出阵阵欢笑声，使孩子们在寓教于乐中理解汉字的博大精深。

当你手棒这一套沉甸甸的《一字一世界》时，我要深情地向你介绍为这套书的出版作出不懈努力的至爱亲朋。首先要说的是我的出版人申晓华先生。他不辞辛劳，担当风险，近十年来不离不弃，专注于此书的出版发行。好友曹文轩先生，热情为这套书作序，为这套书增光添彩。资深编审王林军先生，是这套书第一版的责任编辑，他为这套书奠定了基础。著名画家，装帧设计家朱成梁先生，为这套书的第一版，设计了精美的封面和版式。著名漫画家何天卫先生和叶霆先生，为这套书提供了大量生动活泼的插图和图案。著名儿童文学家方国荣先生，为这套书的第二版出版，作出了不懈的努力。这套书由第一版的七百余汉字故事，增补为两千余故事，经历了十多年的艰辛创作，其间幸有编审谢芳女士，著名汉字研究专家唐汉先生，古典文学博士陈光先生，著名青年书法家陈义望先生……他们参与了这套书的审读、修订和把关，指出了书中的不足和差错，保证了这套书的出版质量。因为这套书讲的是汉字知识，出版社是以辞书的标准来保证这套书的质量的。

  图书出版，是很难完美无缺的，总会留下一些缺憾。这套《一字一世界》也概莫能外。我壮志不已，耕耘不辍，仍在收集汉字故事，愿继续努力，将三千多常用汉字，都配上生动有趣的故事，编成一本既可当字典，又可当故事的"阅读字典"，以供读者朋友们赏阅。

  说到读者朋友，我激动不已，感慨万千。自该书出版十多年来，因书中有我留下的手机号码，我先后收到一百余位读者来电。有的指出差错，有的提出建议，有的给予鼓励，有的提供故事，有的只讲了几句：感谢你，继续努力……

  我决不辜负读者朋友的厚爱，再接再厉，使这套书日臻完善。如你购得此书，那我们也就心灵沟通，成为志同道合的文友。君不闻，前世修得八百次回眸，今生方得一次擦肩而过。你我有缘，你才翻阅此书。以书会友，是我三生有幸。

  如蒙赐教，请记住我的手机号码：13705181009。我当洗耳恭听。

感谢你阅读此文！
感谢你阅读这套书！

二零一九年三月
于南京长江大桥堍

目录

Y

月已到人的腋下——夜 / "夜"和"暮夜无知" …………… 2

伸出一个手指表示一 / 最后"一"道考题 …………… 4

治理天下的人——伊 / 旁若无人——伊 …………… 6

带大襟的上衣 / 细说"衣"和"裳"及"衣裳" …………… 8

给人治病的医生 / 老中医说"醫"字 …………… 10

人依靠衣服遮体保暖 / 半月"依"旧照乾坤 …………… 12

拱手行礼——揖 / "揖"和"开门揖盗" …………… 14

人的容貌举止——仪 / "礼仪之邦"和"礼义之邦" …………… 16

砧板上可吃的肉——宜 / 军人妙说"宜"字 …………… 18

秧苗拔出移到田中 / 姨"移"破桶令姑箍 …………… 20

走路时丢失宝物——遗 / 从"贵"字说到"遗臭万年" …………… 22

头部上下颌骨处——颐 / 今日幸"颐"和 …………… 24

在路边张望犹豫——疑 / 点滴凝结而成疑 …………… 26

植物长出的萌芽——乙 / "乙"字变"乞"丐 …………… 28

胎儿已经成熟 / 一夕而已 …………… 30

强弩之末止于地——矣 / 君恩深似海矣 …………… 32

人依他物靠着——倚 / "倚"和"倚门倚闾" …………… 34

木纹奇美的树——椅／"椅子"和"胡床"及"交椅"…… 36

人心理安适——忆／卓文君妙解"忆"字………………… 38

隆重的祭祀礼仪——义／滴水不漏测"义"字…………… 40

两手种树苗——艺／令人惊奇的技艺……………………… 42

音入于心记得牢——忆／记"忆"奇迹……………………… 44

梦中说的话——呓／"呓"和"呓语"………………………… 46

人聚居的地方——邑／"小邑"改"县令"…………………… 48

倒入另一个器皿——易／且勿改变——易………………… 50

用手下棋——弈／正在下围棋——弈……………………… 52

水满漫出器皿——益／血光之灾——益…………………… 54

听话音方知心意／出人"意"料的平常事…………………… 56

水从盆里流出来——溢／术士测"溢"惹大祸……………… 58

手执武器 坚强刚毅／妙测"毅"字………………………… 60

鸟身两侧的翅膀——翼／"翼"和"不翼而飞"…………… 62

躺在席子上——因／木扇指因成了"困"………………… 64

口含物发出的音乐声／有意无心，难成知音…………… 66

转身跳舞敲乐器——殷／"殷"字里的科学和政治……… 68

口中有节奏地吟诵／"吟"杏花诗………………………… 70

白色金属元素——银／手上"赢字"和手里"银子"……… 72

雨水过多——淫／富贵不能淫……………………………… 74

两手捧箭头——寅／皇上是否南巡——寅………………… 76

手握权杖——尹 / 小神童说"尹"字 …………………………… 78

拉弦开弓——引 / 拉弓"引"箭射爱神 …………………………… 80

品尝美酒——饮 / 落难书生遇神医——饮 …………………………… 82

土山挡住看不见——隐 / 消除"隐"患 …………………………… 84

用手按人下跪——印 / 赵匡胤与"香印" …………………………… 86

只开花不结果的英 / "英"雄亮相 …………………………… 88

系帽子的带子——缨 / "缨"和"请缨" …………………………… 90

可供欣赏的樱花 / 李连"樱"和李莲英 …………………………… 92

模仿人说话的鹦鹉 / "鹦"鹉飞不远 …………………………… 94

人在屋内驯鸟——鹰 / "鹰"盗樱桃 …………………………… 96

相对着走来——迎 / "迎"头赶上 …………………………… 98

物多充满器皿——盈 / "盈"和"恶贯满盈" …………………………… 100

经商获取余利——赢 / 和"赢"钱的老板说赢字 …………………………… 102

成熟稻穗的末端——颖 / 拆解"颖"字选人才 …………………………… 104

日光被遮挡成阴影 / 天气预报成字谜——影 …………………………… 106

阳光照射显形象——映 / 雪"映"白梅梅映雪 …………………………… 108

水边飞的鸟儿——雍 / "雍"正去首 …………………………… 110

长流不断的水——永 / 一滴水悟出"永"字八法 …………………………… 112

古代殉葬的陶偶——俑 / "始作俑者"究竟是谁 …………………………… 114

力量充实有勇气 / 痛改前非需出力——勇 …………………………… 116

水向上冒——涌 / 在吴江生下男孩——涌 …………………………… 118

像桶的器物——用／王安石制字谜——用 …………… 120

心中有无限忧愁／不存心还伸出一只手——忧 …………… 122

人持棍测水深浅——攸／有心"悠"与无心"攸" …………… 124

火烧丝其光幽暗／手捧丝绸站山头——幽 …………… 126

多了一个手指头——尤／犬儿拐起脚——尤 …………… 128

有条路通到田里——由／砍掉申先生的尾巴——由 …………… 130

像狗的猴类动物——犹／一万刀狗苜——犹 …………… 132

动植物的油脂／"油"和"加油" …………… 134

人或动物在水中游动／四大名著共藏一字——游 …………… 136

双手相握是朋友／反字出头——友 …………… 138

手中持肉为有／"有"字吓破皇帝胆 …………… 140

像酒坛子一样的酉／横看风箱竖看铁墩——酉 …………… 142

右手——又／"又"字少一点 …………… 144

以口助手为右／"石"头上露出头 …………… 146

年纪小的幼儿／李治和"幼"稚 …………… 148

用言语引导——诱／甜言秀色诱你上钩——诱 …………… 150

像竽一样的乐器——于／十字变"于"字 …………… 152

食物丰富有剩余／你比我横多了——余 …………… 154

水中的脊椎动物——鱼／康熙皇帝写"鱼"字 …………… 156

用刀挖空树干做船——俞／无人偷——俞 …………… 158

心情舒畅很愉快／"愉"快的小偷 …………… 160

高大粗壮的榆树 / 种"榆"树有"余钱" …………………… 162

戴虎头面具娱乐——虞 / "虞"和"尔虞我诈" …………… 164

心智反应迟钝者——愚 / "愚"忠透顶的庞武 ……………… 166

鸟翅膀上的长毛——羽 / "羽"和"羽翼" …………………… 168

从云层降落地面的雨滴 / "旧雨"和"新雨"及"今雨" … 170

囚犯死于狱中——瘐 / "瘐"死与瘦死 ……………………… 172

美石上也有斑点——玉 / 王字上加一点——玉 …………… 174

根部可食的芋头 / 能吃不能吹的芋 ………………………… 176

手握笔的写字——聿 / "書""筆"不全，无头无尾——聿 178

光明·明亮·明天——昱 / 程立改程昱 …………………… 180

两犬厮咬成狱 / 岳飞含冤入狱 ……………………………… 182

人在澡盆里洗浴 / "浴"后更衣更富裕 …………………… 184

疆界内的地方——域 / 拈个"域"字测婚姻 ……………… 186

因欠缺而产生欲望 / 蚯蚓无鳞"欲"成龙 ………………… 188

在路上相逢——遇 / "俞伯牙"和"遇伯牙" …………… 190

使双方沟通知晓——喻 / "喻"和"家喻户晓" …………… 192

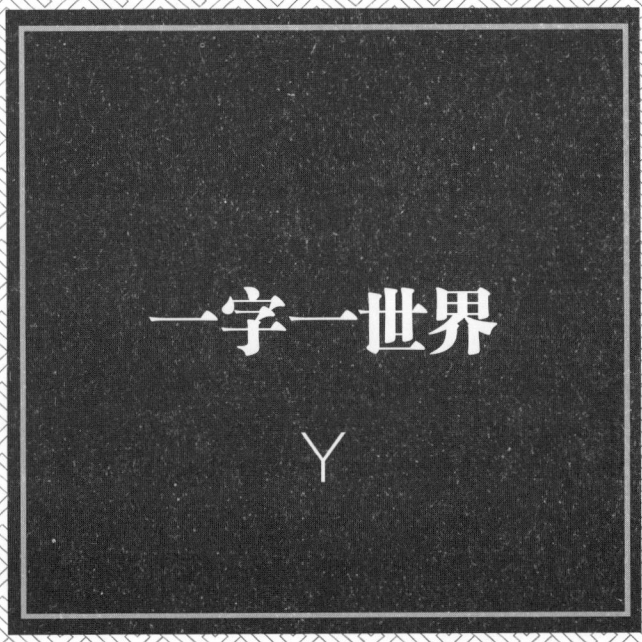

一字一世界

Y

月已到人的腋下——夜

古代的"夜"字是个左右结构的形声字兼会意字。右边是"夕"字,作为形符。甲骨文中的"夕"字与"月"字同形,皆像初月之状,在这儿表示跟月亮有关。"夜"字左边是"亦"字,读"yì",作为声符并会意。

"亦"字与"夕"字组合,指"月亮已经到了人的腋下",即已是晚上了。因是指夕阳西下、月亮升起的时候,所以古人用"夕"字作为"夜"字的形符。

古人为什么用"亦"字作为"夜"字的声符呢?

甲骨文的"亦"字是个指事字。以"大"字表示"人",在腋加两点,表示人的腋窝所在。金文大体相同。篆文使其整齐化,隶变后的楷书写作"亦"。

"亦"字的本义指"腋窝"。夜晚时,月亮已升到了腋下,所以古人用"亦"字来表达此意,故用"亦"字作为"夜"字的声符并会意。

楷书的字形由小篆演变而来,写作"夜"。

"夜"字的本义指"从天黑到天亮一段时间",如夜里十二点钟左右称"夜半"或"半夜",在夜里工作的班次称"夜班",夜间吃的饭称"夜餐",夜深称"夜阑(lán)人静",夜间做买卖的市场称"夜市",夜里吃点心、酒食称"夜宵",通宵、整夜称"彻夜",半夜以后称"深夜",白天和黑夜称"昼夜",夜间十二点钟前后称"午夜",半夜、午夜称"子夜",还有隔夜、连夜、熬夜等词。

"夜"和"暮夜无知"

"夜"字作名词用,指从天黑到天亮的一段时间,跟白天相对,如夜晚。成语"暮夜无知",指暗中行贿。说起这个成语的出典,有一个历史人物故事。

东汉年间,朝廷有一位大臣名叫杨震,他先当过"荆州刺史",后调任"东莱太守"。当时的东莱郡在今日山东半岛一带,郡治在今日掖县。当杨震带着家人到东莱上任时,路过昌邑县。这个县属东莱郡管辖。县令名叫王密。这人是杨震的老部下,是他在荆州当刺史时推荐到这儿来的。王密得知老上司大恩人在县里住宿,连忙隆重接待。到了晚上,他拎了十斤黄金去拜访杨震。他拜访的目的有两个:一是感激往日的栽培与举荐之恩,二是盼望日后多多关照。

两人久别重逢,少不得谈谈往事。王密见缝插针,借感激往日栽培之恩,顺手拿出十斤黄金献上。杨震一见,十分惊讶,但当场拒绝,他说道:"故人知君,君不知故人,何也?"

这话的意思是:你我是老朋友、老同事,我作为你的老朋友很了解你,你却不了解我这个老朋友,这是为什么?

王密以他的想法和见解,以为杨震跟其他人一样,如此这般,只是假客气而已,便劝道:"暮夜无知者,不必担心。"

这话的意思是:现在天黑了,是夜晚,无人知晓,怕什么呢?

杨震一听,生气了,虎着脸,用手指朝上指指天,又朝下指指地,再用指尖戳戳王密心窝,又戳戳自己的心口,说:"天知,地知,你知,我知,怎能说无人知晓呢?"

王密见他如此决绝,只好拎着黄金,满脸羞愧地走了。

这样拒贿的事,杨震恐怕做过多次,所以当地人都赞颂他是个难得的清官。人们把杨震拒收黄金、劝说王密的事称为"杨子四知"。这个故事流传至今。后人将王密说的"暮夜无知",作为语流传下来,形容暗中贿赂。这儿的"暮夜"指夜晚,意为暗中没人知道。这一成语也说作"暮夜怀金"和"暮夜苞苴(bāo jū)"。"苞苴"指包裹,里面包着礼品,也是指行贿送礼的意思。

伸出一个手指表示 一

yī
一

甲骨文 一
金 文 一
小 篆 一
隶 书 一
楷 书 一

　　甲骨文、金文和小篆的"一"字都是指事字，用一横表示数目。

　　"一"和"1"一样，笔画最少，古人根据一根手指的形状，造了个"一"字。它的形状，从古至今，从没变过。

　　别看这"一"字就这一笔，可它内容丰富。有人从《汉语大词典》中查到，"一"字有24种语义。以"一"字为头的词有2400多个，如果加上它在中间和末尾组成的词，那就更多了。

　　"一"字用得最多的，是把它看作是最小的正整数。这也就是"一"字的本义。正因为是最小的正整数，所以很自然地成为序数中的"一"，如一不做，二不休。这"一"便是序数。

　　正整数的"一"，含有排除其他的意思。把重点集中在一个方向，这就有了"专一"的意思，如一心一意。

　　用心专一，就意味着很认真，所以能把事情办得很完美。这就有了纯正的含意，如一色、一律、唯一。

　　纯正就是不含杂质，都是一样的，这就引申出"全部"的意思，如一切、一生。另外，这"一"是正整数的起点，也就是最低点，所以"一"又有少的意思。这就包括东西少，时间少，办法少……如一点儿、一会儿、一筹莫展。

　　由最少又引申出"偶然"的意思，如一旦。成语"不鸣则已，一鸣惊人"就是很好的例子。"一"字的含义很多，必须根据上下文来判断，否则你就会一知半解、一头雾水。

最后"一"道考题

徐光复老先生是一所师范大学中文系的教授，是全国著名的古汉语专家。他一辈子从事甲骨文研究，对汉字的来源和发展具有独到的见解。

徐教授是博士生导师。这一年，他又招了三名有志于汉字研究的博士生。在录取之后，徐教授出了最后一道题，说要考考他们。

三位考生都知道，徐教授是一位风趣幽默的老人。他出的这道题，只是跟他们开个小玩笑，是想看看他们的智力如何。虽然这只是个小玩笑，但他们三个人谁也不敢马虎，分头思索起来。

最近一段时间，老教授住在长乐路的女儿家，谁也不知道他女儿家的门牌号码。徐教授出的题目，其实是个字谜，这个字谜的谜底就是门牌号。他在那儿等着考生上门来找他。

徐教授出的谜面是："上不在上，下不在下，不可在上，且宜在下。"

三位考生中的小杨，一看便觉得这是个拆字谜。他仔细琢磨了一番，没一会便想到了谜底。他立马骑上自行车，直奔长乐路而去。

到了长乐路，小杨敲响了一号的大门。出来开门的果然是徐教授。没等两人进门，其他两位考生也赶到了。

原来，大家都猜到了，这个谜底是个"一"字。

因为"一"字是一横，"上"字的一横不在上面，"下"字中的一横不在下面，"不"字和"可"字的一横都在上面，"且"字和"宜"字的一横都在下面，这就是"一"字。

隋·智永《真草千字文》

唐·孙过庭《草书千字文》

yī
伊

甲骨文

金文

小篆

隶书

楷书

治理天下的人——伊

甲骨文和小篆的"伊"字，是个形声兼会意字。左边是"人"字，表示与人有关。右边是"尹"字，表示读音。本义是"治理天下的人"。古人用"尹"字作为声旁是有道理的。

在甲骨文中，"尹"字是个会意字。字形像一个手持权杖或手持一枝笔的人，表示治理天下，是官职的名称。

在"尹"旁加上单人旁，也就很自然地由"官职"进而理解为"治理天下的人"了。这就是"伊"字的本义。"伊"假借为指示代词，如此、这。如伊人。伊，也作第三人称代词，如指他、她、彼。伊，在文言文中，表示语气词，如伊始，就是开始。

"伊"，也是个姓。读"yī"，跟读"yǐn"的"尹"是不同的两个姓。

东晋·王羲之《乐毅论》

北魏《北海王元详造像记》

隋·智永《真草千字文》

元·饶介《三希堂法帖》

旁若无人——伊

关于"伊"字,有段"旁若无人"的文字故事。

明末清初,山东曲阜有一位姓伊的读书人,名叫伊长清。

一天,伊长清到一家酒馆饮酒,可店掌柜是个势利眼,对他这个穷书生根本不放在眼里,半天也不来招呼一声。

伊长清见店家如此待他,心中不快,便大声喊道:"掌柜的,快上酒菜来。"

店掌柜没好气地说:"尹书生,再等等吧,过一会儿招呼你。"

这店主不认得"伊"(yī)字,竟错念成"尹"(yǐn)了。

伊长清一听,又好气又好笑,蘸着茶水在桌子上写了一个大大的"伊"字,然后冷冷地说:"掌柜的,你看清楚了,这个念'伊',本人姓伊,不是姓尹,你怎么能'旁若无人'呢?"

店家一看,也被逗乐了,连忙张罗酒菜,好生招待他。

带大襟的上衣

yī
衣

甲骨文

金文

小篆

衣
隶书

衣
楷书

甲骨文、金文和小篆的"衣"字大体相似，都属于象形字。其间有一点儿差异。甲骨文的"衣"字像带大襟的上衣形。这大襟就是指衣服胸前相合的部分。按《说文解字》的解释，上面穿的为"衣"，下面穿的为"裳"，合称为"衣裳"。

细细分析起来，金文的"衣"字像上衣，上面可看作是衣领，中间开口处可看作两只袖子，下面的尾巴像系在腰间的衣带。小篆的字形由金文演变而来。楷书的字形由小篆演变而来，隶变后写作"衣"。

"衣"字的本义为"带大襟的上衣"，如衣服、衣柜、衣架、衣襟、衣料、衣物，衣着、衣食、布衣、便衣、风衣、外衣、内衣、雨衣、浴衣、毛衣、棉衣、衣箱、衣柜、衬衣等。

"衣"字由本义假借指"包在物体外面的一层东西"，如套在炮外面的布套称"炮衣"；中医统称胎膜和胎盘为"胞衣"，也称"胎衣"；还有肠衣、包糖果的糖衣等。

细说"衣"和"裳"及"衣裳"

人是大千世界动物中的精灵,没有比人更聪明更能干的物种了。鸟儿,天赐羽毛;甲虫,天赐甲壳;鳞虫,天赐鳞片。人呢,是赤条条地来到世间,所以要穿衣戴帽、着袜套鞋。于是,古人很早就发明了衣裳,创造了"衣"字。

古代的"衣"字,看上去就是一件长袍大褂的形状。上面像衣领,下面像衣襟相叠,两侧开口处就是衣袖。

中国人上身穿有宽大袖子的有襟(jīn)长衣。这个"襟"指上衣、袍子前面的部分。古人下身穿像裙子一样的"裳"。因为汉民族是农耕民族,这样的穿着对人们农田劳作、上山砍柴和日常生活来说很方便,所以古人把上衣称为"衣",下身穿的称为"裳",统称为"衣",也称"衣裳"或"衣服"。

人们穿衣裳有两个目的:一是蔽体,二是御寒。从古至今,人们衣服的样式在不断变化,年轻人的服饰较为时髦,往往被斥之为"奇装异服"。服装不管如何奇异,在汉字中,表示与衣裳或布匹有关的字,都用"衣"字和衣字旁,如"裙""裤""衬""衫""褂""衩""被""袜""褥"等。还有的把"衣"字放在字的下面,如"裹""袈""裟""衾""袋""裏"等。

衣裳的分类很繁杂。除了上下之分的"衣""裳"之外,还分"内衣"和"外衣"。"内衣"紧贴人的身体,起护体、保暖、整形作用。"外衣"指穿在外层的服装。外衣讲究款式和料子,除了保暖,还起装饰作用,展现人的容貌、仪表和风度。人的精神面貌和他穿的衣裳是分不开的,所以古谚有"人要衣装,佛要金装"。

古人除了把衣裳分为"上衣"和"下衣"及"内衣"和"外衣"之外,还把帽子称为"头衣",把"袜子"称为"足衣",这样就把全身上下都包括了。难怪古人把一丝不挂、不穿衣裳写作"裸",而把全身上下都穿了衣裳,包得严严实实写作"裹"。这两个字的内涵大相径庭,完全相反,但所使用的部件却完全一样,用的都是"衣"字和"果"字。真怪哉!

一字一世界

给人治病的医生

yī 医

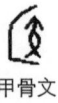
甲骨文

金文

小篆

隶书

醫
楷书

医

最早的甲骨文的"医"字由"匚"和"矢"组成。"匚"读"xī",加"矢"写作"医"。这是一种避箭之器。后来写成了"醫"字,隶变后楷书写作"医",如今成为"醫"字的简化字。

古代的"醫"字,是个上下结构的形声字兼会意字。下面的"酉"字是形符,表示跟"酒"有关;上面的"殹"字是声符,读"yī"。这两个字形组合在一起,表示"给人治病的医生"。

"酉"像酒桶,这就是古代的"酒"字。古时,人们用酒当作麻醉药,治疗疾病时常用到酒,所以"醫"字用"酉"字作为形符。

古人为什么用"殹"字作为"醫"字的声符呢?因为医生为人治病时,常用叩击以诊断病情,而"殹"声与叩击声相似,所以"醫"字以"殹"字作为声符并会意。

"医"字的本义指"医生",如医士、医术、医嘱、医德、医道、军医、庸医、名医、医患、神医、巫医、牙医、御医、医护等。

"医"字由本义引申指"治疗疾病",如医务、医药、医院、医疗、医治、就医、行医、讳疾忌医等。

"医"字的本义引申指"治病的学科",如医科、医书、医理、医学、中医、西医等。

"医"字也作为姓氏用。

老中医说"醫"字

现在老年人逐渐增多，健康长寿成了热门话题。无锡梁溪谜语研究会的市民讲座，应广大听众的要求，特地请退休老中医朱先生来讲关于医疗保健的话题。讲座要分好几场，今日是第一场，朱先生从"医"字讲起——

我从这儿看下去，银光闪闪，在座的都是老年朋友。老年朋友最关心的是老年人的日子怎么过。最好的活法是健康长寿，有健康才能长寿，健康的长寿才算长寿。要健康的长寿就要识得一个"医"字。医药、医疗、医生、医护、中医、西医……这些都跟"医"字相关。"挡箭牌""空匣装箭"，这两个谜语，谜底都是"医"字。各位别以为这个简体的"医"字是后人造的，其实"甲骨文"中就有这个字了。"醫"字由"医"（yī）、"殳"（shū）、"酉"（yǒu）三部分组成。"医"有被箭射伤之义，"殳"有投掷、敲击的意思。这三部分组合成"醫"，是对中医理论的综合表述。

"医"字以"匸"为身躯，表示身躯有疾病了；"矢"表示就医、求医。医生要做到有的放矢，为之治疗。治疗必须经过"望、闻、问、切"四个过程。"望"即"看"，故称"看病"，看脸色、看舌苔、看指纹、看眼底；"闻"即闻气味，也包括听，听心跳、听肺音；"问"即问病史、问环境、问起因；"切"，即切脉，把握病人的血气。这些都是有的放矢地为治病寻找依据。

"殳"，代表叩击疏通。西医用指或锤状的器械叩击人的体胸、腹等部位，借以诊断疾病。中医也常用叩击来找病因，这就跟"殳"字的"敲击"之义有关。

"酉"字原指酒坛，代表"酒"。酒为百药之首。各位常喝药酒，酒在治病时可起麻醉作用，也可以活络经脉。总之，"醫"字概括了有的放矢的诊断，殳通调理的治疗和喝药汤药酒的整个过程。

古书《周易》也称《易经》，保存了古人朴素的辩证法观点。"医"音通"易"，"医生医生"，听来是"易生易生"。多懂得点"医"，常找找医生，各位当可长命百岁，"易生易生"！

一字一世界

人依靠衣服遮体保暖

yī
依

甲骨文

依
小 篆

依
隶 书

依
楷 书

　　甲骨文的"依"字是个会意字。在"衣"字当中有个"人"，表示人依靠衣服之义。

　　小篆的衣字由甲骨文演变而来，但将"衣"字中的"人"字从当中移到了左边，这样就变成了一个左右结构的形声字兼会意字。左边的"单人旁"作为形符，表示跟人有关。右边的"衣"字读"yī"，作声符并会意。"单人旁"和"衣"字组合在一起，表示"人靠衣服遮蔽身体，也用衣服保暖"。遮体与保暖，都跟人有关，所以"依"字用"单人旁"作为形符。

　　古人为什么用"衣"字作为"依"字的声符呢？

　　从古至今，人穿衣服不外乎两个目的：一是遮体，当然也包括美化自己；二是以穿衣脱衣来调节自己的体温，不至于寒冷或闷热。所以，"依"字用"衣"字作为声符并会意。

　　小篆的字形由甲骨文演变而来。

　　楷书的字形由小篆演变而来，写作"依"。

　　"依"字的本义指"人靠衣服遮体和保持体温"。

　　"依"字由本义引申指"依靠、依仗"，如依附而存在称"依存"；不能自立，需依靠别人而存在称"依赖"；依靠人家的势力或好的条件称"依仗"；依靠、凭借称"依据"；还有依傍、依靠、依凭、依偎、相依等词。

　　"依"字由本义引申指"按照"，如按照次序称"依次"，依然照旧称"依旧"，保持原样不变称"依然"。由此义引申指"顺从、同意"，如顺从称"依从"，也叫"依顺"。皈依（guī yī）原指佛教的入教仪式，现指虔诚地信奉佛教或参加其他宗教组织。

半月"依"旧照乾坤

"依旧"一词属动词，也是人们常挂在嘴边上的口语，表示照旧、仍旧、仍然、照样的意思。听上去有种执拗、执着、坚持不让、毫不妥协的味儿。一般说说也就罢了，可面对一言九鼎、说一不二的皇帝说出这样的话来，可得有点胆量了。

却说清朝乾隆年间，江西萍乡有位才子名叫刘凤浩，此人学识渊博，在文学上颇有成就。刘凤浩虽是个大才子，但身有残疾。他相貌平平，最可惜的是他因儿时与小伙伴玩耍，被人用瓦片砸瞎了一只眼睛，成了个独眼人。这个不幸，给他生活带来不便，还影响到他的前程。

乾隆年间，刘凤浩考中了第三名进士——"探花"。按科举考试的规矩，在放榜前，皇帝要亲自会见新科进士，这叫殿试。然后由皇帝在中榜的新科进士中，依次点出前三名，即状元、榜眼、探花。虽说考试结束后，主考官已初步定下了名次，但一定要由皇帝做最后的定夺，由他御笔钦点。

乾隆看了初定名单，又抬头看看刘凤浩的相貌，心中颇为不快，但又不能以貌取人，他想，还是试试他是否真有才学吧。于是，皇帝对刘凤浩说："你文才出众，不过，朕仍想考你一考。"

刘凤浩跪拜在地，应道："请圣上出题！"

乾隆想了一会，说道：

独眼不登龙虎榜，

乾隆这上联，说的是独眼人不能金榜题名，暗示他有可能落榜。

刘凤浩不慌不忙，沉着应对：

半月依旧照乾坤。

下联用"依旧"二字，不软不硬地回复了乾隆皇帝的"独眼不登"。半个月亮，依然能照亮大地。这句话，既合情合理，又不卑不亢，足以表明了刘凤浩的才学与人品。乾隆听罢，龙颜大喜，立即提起御笔，钦点刘凤浩为"探花"。

拱手行礼——揖

yī 揖

"揖"字是个左右结构的形声字兼会意字。左边的"提手旁"作为形符，表示跟"手"有关。

"揖"字右边的"咠"字读"qì"，作为声符并会意。

"手"字与"咠"字组合，指"拱手行礼，凑近耳朵说话"。

因是指"拱手行礼"，这跟手的动作有关，所以古人用"提手旁"的"手"字作为"揖"字的形符。

古人为什么用"咠"字作为"揖"字的声符呢？

小篆的"咠"字是个会意字。上面是"口"字，下面是"耳"字。"口"字与"耳"字组合，表示将口凑到耳朵旁边小声说话。隶变后的楷书写作"咠"。

"咠"字的本义指"附耳私语"，也就是说悄悄话。

因"咠"有"口靠近耳朵低声说话"之意，而拱手行礼时，两手必定靠近而相合，这两个动作的意思是相似的，所以古人用"咠"字作为"揖"字的声符。

楷书的字形由小篆演变而来，写作"揖"。

"揖"字的本义指"拱手行礼"。作揖和谦让，是古代宾主相见的礼节。"让"，指举手与心平，这一动作称为"揖让"，也称为"作揖"和"打躬作揖"。

成语"开门揖盗"，指开了门请强盗进来。比喻引进坏人，自取灾祸。这儿的"揖"字指拱手行礼。

"揖"字也作为姓氏用。

揖 小篆

揖 隶书

揖 楷书

"揖"和"开门揖盗"

"揖"字作书面语用,表示拱手行礼。指双手作揖,礼貌谦让。

东汉末年,天下大乱,群雄四起,军阀混战,纷纷割据称雄。

江东豪强孙坚,因参与割据战争,逐渐拥有较强大的兵力。他在湖北襄樊的战役中被敌方射死。他的大儿子孙策随即整顿队伍,继承父亲的遗志,率军渡江,削平当地的割据势力,在江东地区创建孙氏政权。但没多久,孙策不幸被仇人暗杀,伤重而死。临死前,他把身后的大事交付给弟弟孙权。

孙权从哥哥手中接过军政大权时还很年轻,不到18岁。在遭受父兄惨死的沉重打击下,他痛哭流涕,手足无措。

孙氏家族有一位谋士名叫张昭,这人沉着稳健,很有策略。他劝导孙权说:"快擦干眼泪,现在不是你放声大哭的时候。据史书上记载,周朝时期,伯禽有丧事,正巧碰到戎人作乱。伯禽没有按照他父亲周公制订的在家守孝三年,不得外出的丧事制度,而是立即率军征讨戎人。他不是不肯遵守孝道,而是当时的条件不允许啊。"

张昭说的一段原话是:"况今奸宄(guǐ)竞逐,豺狼满道,乃欲哀亲戚,顾礼制,是犹开门而揖盗,未可以为仁也。"

"奸宄"指违法作乱的人或事。一般由内而起叫"奸",由外而起叫"宄"。也有相反的说法。

这段话的意思是:如今我们眼前的形势,比当年伯禽所遇到的情况更严峻啊。如今狼奔豕突,你还要按老规矩去治办丧事,就等于是开门揖盗,自招祸患,这并不能算作仁孝。这句话里的"豕"读"shǐ",指猪。

说罢,张昭帮孙权换上战袍,扶上战马,随后在周瑜等大将们的簇拥下,到各大军营视察,稳定军心,鼓舞士气,重振军威。后来,孙权在张昭、周瑜、陆逊等人的辅助下,在建业(即今南京)建都,建立吴国。他是首任吴国的帝王,死后被尊称为"吴大帝"。

张昭在劝慰孙权时所说的"开门而揖盗",被后人紧缩为成语"开门揖盗"流传下来,用来比喻引进坏人,自招祸患。

人的容貌举止——仪

yí
仪

金文 羛
小篆 儀
隶书 儀
楷书 仪

小篆的"仪"字原先写作"儀"。这是个左右结构的形声字兼会意字。左边的,单人旁指"人",表示跟人有关。

"儀"字右边的"義"字读"yì",作为声符并会意。

"人"字与"義"字组合,指"人的容貌举止"。

因是指人的容貌举止,这跟人的行为有关,所以古人用"人"字作为"儀"字的形符。

古人为什么用"義"字作为"儀"字的声符呢?

小篆的"義"字是个会意字。上面是"羊"字,下面是"我"字。"我"字由"刀"字和"锯"字组成,本义为"兵器";与"羊"字组合,表示用刀锯屠宰牛羊以祭祀神灵祖先。本义指"屠宰牛羊以祭祀",后来引申指"正当、公正、合乎正义、讲道理"等意义。因在祭祀时人们讲究衣着要整洁得体,容貌要端庄。古人为了突出这些,就在"義"字的右边加上单人旁写作为"儀",专门表示人所要遵守的礼仪。由此可见,"義"字是"儀"字的本字,是最早的"儀"字,所以古人用"義"字作为"儀"字的声符并会意。隶变后的楷书写作"儀",后简化为"仪"。

"仪"字的本义指"人的容貌举止",如人的容貌、风度、姿态等外表称"仪容",仪容体态称"仪态",人的容貌、姿态、风度称"仪表",使人敬畏而庄严的仪容称"威仪"。"仪"字由本义引申指"礼节",如举行典礼的程序形式称"仪式",举行典礼或开会时报告程序的人称"司仪",还有列队的"仪仗队"。由上义引申指"礼物",如礼节和仪式称"礼仪",作为送人的土特产品称"土仪"。

"仪"字的本义假借指"仪器",如地球仪、地震仪、水平仪。

"仪"字作动词用,表示心中仰慕,称"心仪"。

"礼仪之邦"和"礼义之邦"

无锡梁溪谜语会会长马汉文,今日在西水关茶楼做讲座,老马今日讲的题目是"中国的礼仪"。他从甲骨文的"义"字讲起,一直讲到繁体字的"義"字,又由这"義"字再讲到"礼仪"的"仪"字。老马刚说到"中国自古以来就是礼仪之邦"这句话,就被台下一位老先生打断了。

这位老先生七十来岁,他原地站起,伸手让人传来话筒,自报家门:"老朽姓章,十音章,十音为一章嘛。当然,说立早章也可以。"

一听这口气,就知道是精通汉字的大家。

章老先生首先向马会长致谢致歉,并再三说明,他之所以不顾礼仪,抢着发言,就是对"中国自古就是礼仪之邦"这句话表达异义。

章先生颇为激动地说:"刚刚马会长已解释过了,古代的'義'字其本义指礼仪。但这个本义被后起的加了单人旁的'仪'字所取代,这个'仪'字表示容貌、行为举止、礼仪、仪式。而原先是没加单人旁的'義'字表示情义、义气、意义,更重要的是假借指'公正合理的道理和行为',大家所熟知的词有义愤、义举、义勇、义士、仗义、正义、大义等。

我们的祖先,特别是在春秋战国时期,他们崇尚正义,为人仗义,行事侠义,争做义士,义勇、义举的事比比皆是。荆柯刺秦王,壮士一去不复返;赵氏孤儿,一诺千金;介子推不愿封官,隐居山林,宁愿被火烧死……这些壮士的人格,是何等的清澈刚健,那时是中华民族最为光辉灿烂的时代,那时是最崇尚义的时代,礼仪只是一个方面,但绝对不是最主要的方面。最主要的方面应该是'义'。说中国人懂礼貌,好客,善待左邻右舍,那是千真万确,是毋庸置疑的。但中国人不仅仅好客讲礼貌,更主要的是讲义气、讲义勇、讲侠义、讲仗义、讲正义……准确地说,'礼仪之邦'四个字,应改为'礼义之邦'。我们是既有礼,更有义……"

老先生一口气说了这么多,引得台下一片掌声。老马也站起来大声赞赏,同意章先生的见解。

砧板上可吃的肉——宜

yí
宜

甲骨文

金文

小篆

宜 隶书

宜 楷书

甲骨文和小篆的"宜"字，都应看作是个会意字，它由三部分组成。

"宜"字最上面的是宝盖头，表示这个字与房屋有关，这件事发生在屋里。当中是"月"字，这是"肉"字的变形，表示这是一块肉。你也可以理解为是一块熟肉。

最下面一横可看作是放肉的砧板。

以上三者结合起来的意思就是：屋内砧板上有块熟肉。

"宜"字的本义是"煮熟可吃的肉"，也指这些可吃的肉为"菜肴"。

美味的肉可吃，因此有"合适、适当"的意思，如合宜、适宜、相宜、因地制宜、风景宜人。

美味的肉吃起来很可口，给人以舒适的感觉，所以宜又有"安适"的意思。

"宜"字还有"应当"的意思，如宜加小心、事不宜迟、不宜操之过急。

唐·李邕《李思训碑》

宋·黄山谷《三希堂法帖》

军人妙说"宜"字

清朝末年,在一个大雪天,山东泰山脚下,有两个读书人在一座庙里避雪。他俩看见神案下坐着个当兵的,此人一边喝酒,一边吃着花生米,很自在的样子。

两个读书人也挤到边上,各自拿出葫芦饮酒取暖。当兵的很大方,请他们用花生下酒。不一会儿,花生就剩最后一个了,两个读书人想吃,可又不好意思抢,他们以为当兵的是个粗人,就故意说:"你要是能行个'抽梁换柱令',这花生就归你。"

当兵的想了想,说:"我是行军打仗的,就抽换个"军"字吧。"说着张嘴就来了一句:"'军'字,取出中间的竖柱,搓作一团,放在顶上,变成个'宜'字。"

没等两个读书人说话,他已经剥开花生壳,把花生塞进了嘴里。

一字一世界

秧苗拔出 移 到田中

yí 移

古代的"移"字，是个左右结构的形声字兼会意字。左边的"禾"字是形符，表示跟禾苗庄稼有关，右边的"多"字是声符。这两个字形组合在一起，指把秧苗从秧田里拔出来，移到大田里种植。因拔起的是秧苗，所以"移"字用"禾"字作为形符。

古人为什么用为"多"字作"移"字的声符呢？这恐怕有两个原因：一是秧苗多，二是"多"字有增加、增多的意思。秧苗移到大田里种植，到收获时，产量不知增加多少倍，所以"移"字用"多"字作为声符并会意。

也有人认为，"移"字是个左右结构的形声字，指禾苗随风摆动的样子，有婀娜摆动之意，由摆动而引申指"移动"。

"移"字的本义为"搬动""挪动"，如挪动脚步称"移步"，转移也称"挪移"，从原来的所在地换到另一个地点称"迁移"，改换地方或方向称"转移"。

"移"字由本义引申指"挪动种植"，如把秧苗或幼苗移栽到菜田或大田里称"移植"；将机体的一部分组织或器官补在同一机体或另一机体的缺陷部分上，使它逐渐长好，这也称"移植"。移栽、移种也是这个意思。

"移"字由本义又引申指"改变、变动"，如改变原来的位置称"移动"，军队转移驻防称"移防"。移民、移易、移居、移交、移位、移用、漂移、推移、位移等，都指"改动、变动"。

"移"字也作为姓氏用。

移 小篆

移 隶书

移 楷书

姨"移"破桶令姑箍

明朝大画家唐伯虎，以绘画而闻名，其实他的文才，也甚是了得。

却说有一年初春，唐伯虎跟文徵明等好友，一同到苏州城外的虎丘山下踏青。众人路过一处农家小院，见院门外一个农妇，用竹耙子在打扫地上的柴禾，一边呼喊院内的小叔子带根绳子来捆柴。唐伯虎见此情景，顿生灵感，得一上联，遂喊道："各位听着，我有一上联，谁第一个对出下联，晚上设宴，我敬酒三杯！"说罢，吟道：

嫂扫乱柴呼叔束。

这上联有两个地方用了谐音的手法。"嫂"与"扫"两字谐音，指嫂嫂在扫地。"叔"与"束"谐音，指小叔子捆柴禾。下联要对仗工整，实非易事。

众人正在苦苦思索，只见一个少妇从河边挑着一担水走来。不料，前面那只水桶突然开裂，散在地上，水流遍地。少妇朝院子里大声呼唤，喊小姑子来帮忙把水桶箍紧。

这番景象，也是农家日常琐事，但才思敏捷的文徵明看了，立即对出了下联：

姨移破桶令姑箍。

这下联也是两处谐音。"姨"与"移"两字谐音，指少妇移动破桶，准备把它箍紧，以便及时使用。"姑"与"箍"谐音，指喊小姑子来帮忙将桶箍紧。"箍"字读"gū"，指用竹篾或金属条束紧器物，也指约束器物的圈。

这些农家小事，经过两位大画家的妙思，组成了一副高雅的谐趣对联。

一字一世界

走路时丢失宝物——遗

yí
遗

金文
小篆
隶书
楷书

　　金文的"遗"字是个会意字,字形像宝物丢落在路边。

　　小篆的"遗"字由金文演变而来,变成了一个左下包围结构的形声字兼会意字。左下方的"走之旁"是"辵"字,读"chuò",表示在大街上行走,本义指"走路",作为偏旁时写作"走之旁"。在这儿作为形符,表示跟在街上走路有关。

　　右上方的"贵"字读"guì",作为声符并会意。

　　"贵"字与"走之旁"相结合,指走路时丢失宝物。

　　因是在走路时丢失宝物,所以"遗"字用"走之旁"作为形符。

　　古人为什么用"贵"字作为"遗"字的声符呢?

　　甲骨文的"贵"字是个会意字,字形像一个人双手捧土,表示土地很宝贵。金文在下面增加了个"心"字,表示"心中珍贵"。后来的小篆以"贝"字取代"心",表示与宝贝同样珍贵。因"遗"字指的是丢失珍贵的东西,所以古人用"贵"字作为"遗"字的声符并会意。

　　楷书的字形由小篆演变而来,写作为"遺",现简化为"遗"。"遗"字的本义指"丢失",如遗失。

　　"遗"字由本义引申指"丢失的东西",如遗弃、遗落、路不拾遗。由本义又引申指"漏掉",如遗忘、遗漏、遗缺、补遗。还引申指"留下",如遗恨、遗留、遗憾、后遗症。由上义引申指"死者或过去留下的",如遗产、遗传、遗风、遗稿、遗孤、遗迹、遗孀、遗愿、遗嘱等。

　　"遗"字是个多音字,读为"wèi"时,假借指"赠送",如遗之千金。

从"贵"字说到"遗臭万年"

清朝末年,有一位军阀名叫张勋,张勋蜗居天津当寓公期间,听说江苏常州测字名家大不同来天津,便找上门去,写个"贵"字求测。

大不同看看"贵"字说:"这字不大好测,请先生换个字吧。"

张勋恼怒道:"除了这个,绝不换别的。吉凶祸福,自是天意,你就以字说事,莫要避讳。"

大不同说:"先生,若论眼下,你'荣华富贵'中的'荣华富'已不存在;若说'富贵荣华'吧,你'富荣华'已用光。从衣食住行上看,'贵'字都是贬低之意,有寄人篱下、东躲西藏的意味。你这'贵'字里的'贝'字,就像只剩下些老货,压在箱底,所剩无几。若从心上和人身上来说,又都是不吉不利的字眼。先说'衣'吧,'贵'字回衣字旁是'襀'(kuì),这是指用绳子或带子扎成的结,用来拴牲口的,无论是活襀还是死襀,都是易结不易解。人若被襀住,如牛马猪狗一般,没一点自由,那还算人吗?再说'食'吧,'贵'加食字便是'馈'。'馈'者,送给别人或受人馈赠,这两样都让你为难。你将财物馈赠别人,自己如何活命?你一直受人馈赠生活,与乞丐何异?再说住吧,匮(kuì)字本是独家居住的四合院,你'贵'人居住中间,但偏偏去了西厢房。东为上,西为次,你自然要减去福分了。再说,'贵'字在人身上的含义。'贵'字左边加竖心旁成'愦',此乃年老错愦。换个耳朵旁便成'聩',耳聋眼花,离死不远啦。假如'贵'字头上回顶草帽,这便成了'蒉'(kuì),那是盛土的筐子,底下有漏洞,凡事'功亏一篑'。你若是行伍出身的贵人,常年带兵打仗,只可跋山,不可涉水。一遇水,必定'溃'不成军,一败涂地……"

张勋听不下去了,央求道:"先生莫再多说。我只想问一问,我这'贵'字下行一步该如何?"

大不同正色地说道:"你所说下行一步,即行走之行。'贵'字加走之旁为'遗',只怕先生你要遗臭万年了。"

张勋闻得此言,几乎晕厥。回去不久,便一命呜呼了。

一字一世界

头部上下颌骨处——颐

yí
颐

小篆的"颐"字是个左右结构的形声字兼会意字。右边的"页"字作为形符，表示跟人的头部有关。"颐"字左边的"㶳"字读"yí"，作声符并会意。

"㶳"字跟"页"字组合，指人的头部在上颌（hé）骨和下颌骨之间的部位，即人们所说的面部两边的腮（sāi）帮子部分。因是指人的头上部位，所以古人用表示头部的"页"字作"颐"字的形符。

古人为什么用"㶳"字作为"颐"字的声符呢？

甲骨文的"㶳"字是个象形字，它的偏旁像个竖起来的宽下巴形，以三个牙齿相衬托，这是裂嘴笑时的下巴。金文将牙变得很厚，弄得像厚嘴唇了。小篆使其整齐化，隶变后的楷书写作"㶳"。不过请注意，这个字与"臣"字是有区别的。

《说文解字·㶳部》解释："㶳，颔也。"本义为下巴。后来，这个"㶳"字作了偏旁，古人就在右边加义符"页"字，写作"颐"，来代替"㶳"。可见，这"㶳"字就是"颐"字的本字，是最早的"颐"字。所以，它成为"颐"字的声符并会意。

楷书的字形由小篆演变而来，写作"頤"，后简化为"颐"。"颐"字的本义指"下巴，腮"。"颐"指上下颌骨部位，而上下颌骨是牙床，用来吃东西，咀嚼（jǔ jué）食物，吸取营养的，所以有"保养"之义。这就是"颐养天年"。"颐养"得好，能过百岁，便是百岁高龄，称为"颐龄"。"颐"指两颊，腮帮子，所以手托住腮帮子称"解颐"，即开颜而笑。

不说话而用面部表情或口鼻出气来示意，这就是成语"颐指气使"，用来形容有权势的人随意使唤人的傲慢神气。

㶳 金文

颐 小篆

頤 隶书

颐 楷书

今日幸"颐"和

说到颐和园，不得不提清朝末年的慈禧太后。咸丰皇帝死后，她被尊为圣母太后，垂帘听政，把持朝政47年。并且她穷奢极欲，任意挥霍，挪用海军经费3000多万两白银，将离北京城30余里的清漪园重新修建，供自己享乐，改称颐和园。

1905年，慈禧70岁大寿时，朝廷告示全国上下，每家门前都要贴一副统一的对联：一人有庆，万寿无疆。

此事在全国掀起轩然大波，人神共愤。近代民主革命家、思想家、学者章太炎，更是怒不可遏，当即写了一副对联，公之于众，揭露慈禧太后倒行逆施的丑恶嘴脸。其对联是：

今日幸颐和，明日幸海子，几忘冒幸古长安，亿兆民膏血轻抛，只顾一人庆有；

五旬割云南，六旬割台湾，七旬又割东三省，数千里版图尽弃，每逢万寿疆无。

这副对联问世后，人们拍手称快。上联中的"今日幸颐和"，其中的"幸"字指帝王到某地巡视，也称"巡幸"，指到处游山玩水地享乐。这儿指慈禧花三千万两银子修建颐和园，她今日到这儿，明天又到"海子"。"海子"指当时京郊外的皇家御用狩猎场。接着，对联揭示她忘了八国联军攻进北京城时，自己仓皇逃亡到古城西安的往事。忘了亿万百姓遭受的苦难，只顾一人苟且偷安。

下联揭示慈禧丧权辱国的罪行。她50岁时割让云南，60岁时割让台湾，70岁时又割让东三省，致使中国的大量疆土落入帝国主义国家之手。每逢她寿庆时，总要百姓高呼她万寿无疆，其实是万里疆无。

这副对联，列举史实，将慈禧的卖国罪行一层层剥开，显出原形，让人读了一吐恶气。"一人有庆"和"万寿无疆"，表现出高超的语言艺术，有深刻的思想内涵，让人赞叹不已。这是寿联中的另类之作，也是中国对联的精品。

在路边张望犹豫——疑

yí
疑

甲骨文

金文

小篆

疑 隶书

疑 楷书

古代的"疑"字，既是个指事字，也是个形声字兼会意字。细看起来，像一幅古代市井生活图。

甲骨文的"疑"字，是个会意字，字形像一位老人手持拐杖，站在街头十字路口，正在左右张望，表示犹豫不决，不知往哪儿走才好，指"不明白，疑惑"。

金文的"疑"字由甲骨文演变而来，但它在下面加了个义符"止"字，在右上方加了个声符"牛"字，成了个指事字。指什么事？"止"字表示用脚在走路，表示这位老人因丢失了牛，不知到何处寻找而疑惑徘徊，意思指"疑惑、犹豫"。

小篆的"疑"字由金文演变而来，但它将张望之人错当成"匕"和"矢"，又省掉了半条街，将在上方的"牛"字改成了"子"字，成了个左右结构的形声字。隶变后的楷书写作"疑"。

"疑"字的本义指"犹豫，不知往哪儿"，引申指"不能确定、不明白"，如真相不明、证据不足，一时难以判决的案子称"疑案"；为声东击西、迷惑敌人而布置的军队称"疑兵"；犯罪嫌疑人称"疑犯"；怀疑的地方、不太明了的地方称"疑点"；有怀疑的问题或不能确定、不能解释的事情称"疑问"；一连串不能解决的问题称"疑团"。疑心、疑云、疑难、存疑、惊疑、可疑、质疑等，都是"不确定、不明白"的意思。

"疑"字由本义引申指"不相信，猜度"，如因怀疑而生猜忌称"疑忌"，因疑虑而心生恐惧称"疑惧"，因怀疑而心生顾虑称"疑虑"。猜疑、迟疑、狐疑、起疑、生疑、疑惑等，都是"不相信、猜度"的意思。

"疑"字又引申指"好像"，如山重水复疑无路。

点滴凝结而成疑

民国年间，南京夫子庙文德桥头的测字大师胡铁嘴，是个释疑解难的高手。这天晚上，他家来了位贵客，是如今永丰纱厂的大老板李永丰。胡铁嘴测字名气大，李永丰有事常来找他。

李永丰上门有何要事？说来并不复杂。李家人口众多，便请了个管家料理家务。这管家人很精明，又尽心尽职，但李老板有点不放心。近日，管家提出辞职，另谋出路。李老板迟疑不决，来跟胡铁嘴商量商量。

胡铁嘴听罢心中有底了。他深知李老板为人，便说："给你测个字吧，若是空口说白话，你听了也不踏实。"说罢，将字布袋扔给他。

李老板摆摆手说："不用拣字了。我此刻心中迟疑不决，你就对症下药，测个'疑'字吧。"于是，他写了个"疑"字。

胡铁嘴说："管家管家，是管你一家的，跟你是一家人，是你的心腹，你却以猜疑之心对待人家，人家怎能对你贴心、忠心呢？"

李老板连声喊冤："我没亏待他呀，有点疑心也正常啊。"

胡铁嘴正色道："中国有句古话叫'疑人不用，用人不疑'。你用疑心对待人家，是最大的不敬。你看这'疑'字，左上角是匕首，左下方的'矢'字是暗箭，右上方是长枪短矛的'矛'字头，你刀枪暗箭放在人家面前，人家肯给你干事吗？"

李老板辩解道："我只是心疑，从没说过啊。"

胡铁嘴指着"疑"字右下角的"疋"（shū）字说："这就是'足'字。'足'者，'足下'也。你这就是指着人家说，我要跟你斗，匕首、暗箭、长矛任你挑！"

李老板喊道："我没这个意思啊！"

胡铁嘴斩钉截铁地说："你怀疑人家，这'疑'字就是这个意思，甚至比这更厉害！"

李老板想不通："他怎么晓得我对他有疑心呢？我从没对人说，只是今日跟你交交心。"

胡铁嘴提笔写了个"疑"字，在旁边加一点又加一点说："是你日常中一点一点凝结而成的。"

植物长出的萌芽——乙

yǐ
乙

甲骨文

金文

小篆

乙
隶书

楷书

　　甲骨文、金文和小篆的"乙"字，都是象形字。甲骨文的"乙"字像植物破土而出时的萌芽状态。

　　金文的字形与甲骨文相似，但变得粗体化，小篆的字形使其整齐化。

　　楷书的字形直接由小篆变来，写作"乙"。

　　"乙"字的本义指"植物破土而出的萌芽"。

　　"乙"字由本义"萌芽""抽芽"，被假借指天干的第二位，即"甲、乙、丙、丁……"由此与地支相配，用以纪年、月、日，如乙丑年。

　　"乙"字由此被用作序数第二的代称，列为乙等。

　　"乙"字是部首字，也可单独使用，从"乙"取义的字大都与屈曲有关。

"乙"字变"乞"丐

南京奇人郑可鉴，放着旅游公司的老板不当，却偏偏喜欢当导游。今天去苏州西山旅游，车上有人叫道："导游，唱个歌给我们听听吧。"老郑说："我说的比唱的好。让你们猜个谜语吧。我就用'气走一人'，猜一个字。"

没人猜得出。老郑站起来，掏出一个本子写了个大大的"气"字，将上面的"一"字和一撇一横的"人"字形去掉说："这'一'字和小人儿去了，不就是'乙'字吗？"

众人笑道："再来一个试试。"

老郑又说："说时是第一，用时是第二。"

有人不耐烦地说："还是乙字嘛，讲个笑话吧。"

于是老郑讲了个测字故事。从前有个人，写了个"乙"字请测字先生测测他的官运如何。测字先生说："你这'乙'字天干排列次序为二，数字排列加'人'字为'亿'。所以，你想升官发财，要有贵人相助，得有高官扶持。"于是，这个人不惜花重金贿赂州官，从此飞黄腾达，当上了县官。不料，那贪官因贪腐倒台，县官也因行贿被免职，两人均因生活无着落而流落街头。州官年老多病，就依靠那县官过日子。县官只好背着他，变成了乞丐，沿街讨饭。这天，正巧碰到当初为他测"乙"字的测字先生。被撤职的县官生气地对他说："我就是听你的话，找贵人相助，才落得今日这乞丐的下场！"

测字先生振振有词地说："你能怪我吗？我说的'乙'字加'人'旁为'亿'。你加的这单人旁还是歪人啊。你这'乙'字攀上歪人后，成了'乞'字，这歪人不能长时间站立，就只好瘫倒在你这'乙'字头上，你无法甩掉头上的歪人，只好背着他，当个乞丐了。"说罢，测字先生还写了个大大的"乞"字分析给他看呢。

众人听了，哈哈大笑。有位小青年，悄悄地对老郑说："郑导，你这牛皮吹得豁边儿了吧。古时候是繁体写的'億'字，哪有什么简体字'亿'啊。"

老郑点点头："知道。编个笑话嘛！"

胎儿已经成熟

在数万个汉字中，有不少字形状相似，但有三个字，特别相似，看上去，只有那么一点细微的差别，若不仔细看，很难区别。这便是"自己"的"己"（jǐ）、"已经"的"已"（yǐ）、"巳时"的"巳"（sì）。

甲骨文的"巳"（sì）字是象形字，字形像个未成形的胎儿状。"已"（yǐ）字与"巳"（sì）字同源。甲骨文的"已"（yǐ）字也是个象形字，本来就写作"巳"，后来为了相区别，就在上面留下个缺口作为记号。在甲骨文、金文和小篆中，"已"与"巳"都是"巳"字的倒形，像一个未成形的胎儿，即头朝下的胎儿形状，表示胎儿已经成熟，即将降生，怀胎截止。隶变后写作"已"。"已"是从"巳"和"以"（yǐ）中分化出来的一个字。古代的"已"字同"以"。

"已"字的本义指"怀孕截止"。后来引申泛指"停止"，也有"罢了"的意思，如争论不已、死而后已、如此而已。

"已"字由本义又引申指"已经、已然"，如后悔已迟、我年已七十、天已经黑了。

"已"字还引申指"过了一些时候"，如已而繁星满天。又引申指"太、过"，如不为已甚。还表示"以前、从前"，如现在跟已往不一样了。

"已"字也作为姓氏用。

一夕而已

中华民国成立后，上海外白渡桥附近一个小巷里，住着一位名叫刘汉文的测字先生，人称"刘字痴"。

刘字痴是苏北盐城人，五十来岁，讲一口苏北上海话。苏北同乡常找他排忧解难，他都热忱相助。

这一天，有一位名叫刘老六的同乡，装了一船棉纱，准备运回盐城，船就停泊在外白渡桥下的黄浦江边。本想当天一早就开船，没料到，跟他合伙做生意的小舅子鼻孔流血，他担心出什么事儿，就来找刘字痴，问问吉凶。

刘老六说明来意，刘字痴说："本家，按行规，你得先写个字，我以字测事，以字说理呀！"

刘老六提笔写了个"巳"字说："我已装好货，准备开船了，出了这点事，你看怎么办？"

刘字痴答道："本家，我不是吓你，大事不妙，七窍流血，必死。今日你小舅子鼻孔流血，且血流不止，依我说，你别在我这儿耽搁，赶紧送他去医院急救，否则性命难保。"

刘老六还想追根问底，刘字痴催道："救人要紧，剩下的话我日后告诉你。明说了吧，你小舅子危在旦夕，且只有一夕而已。"

刘老六将信将疑，急匆匆赶回船上，将小舅子送往医院，但当晚人就去世了。

刘老六为小舅子料理完后事，特来向刘字痴辞行。刘字痴拿出他上次写的"巳"字说："你写的这'巳'字，状似'死'字之半，若是加上'一''夕'二字，便成'死'字。据此，我知道你小舅子的命只有一夕而已。"

刘老六听了，泪如雨下，泣不成声。

强弩之末止于地——矣

yǐ 矣

小篆的"矣"字是个上下结构的形声字兼会意字。下面的"矢"字作为形符,表示跟弓箭有关。上面的"已"字作为声符并会意,读"yǐ"。这两个字形组合在一起,表示"强力射出的箭,最终落到地上"。

因指的是强力射出的箭,所以"矣"字用"矢"字作为形符。甲骨文、金文及小篆的"矢"字都是象形字,都是箭的形状。箭落地的意思就用"矢"字作为形符表示。

古人为什么用"已"字作为"矣"字的声符呢?因为甲骨文、金文及小篆的"已"(yǐ)字都是象形字,是同一个字形。"已"字像一个未成形的胎儿的倒形,即头朝下的胎儿形,表示胎儿已经成熟,将要落地降生,怀胎截止了。而箭矢落地,也表示到此为止了。也有人认为,"已"字像箭落地时的声音,所以,古人用"已"字作为"矣"字的声符并会意。

小篆的"矣"字由甲骨文、金文演变而来。楷书的字形由小篆演变而来,写作"矣"。

"矣"字的本义是"箭头落地到此终止"。

"矣"字由"终止"之义引申指文言文句子终了的语气词,表示陈述完了,相当于"了"字,如"悔之晚矣"。"矣"字也用来表示"感叹",如"观止矣!大矣哉!"

"矣"字还用来表示"命令",相当于"吧",如"先生休矣"。

金文

小篆

矣 隶书

矣 楷书

君恩深似海矣

在明清两个朝代交替之间，有个颇有争议的人物，名叫洪承畴（chóu）。此人是福建泉州人，明神宗时中进士，官至陕西布政使参政。崇祯皇帝对他特别信任，封他为兵部尚书。当清军不断进攻，步步紧逼时，崇祯皇帝召他率军保卫京城。第二年又任命他总督蓟（jì）辽军务，也就是守卫今日天津西南及京城东北一带的防务，可见崇祯皇帝对他是多么的信任和器重。

洪承畴这人很有才干、很有魄力，他既能治理地方，也能统帅军队，南征北战。为挽救大明江山，他尽心尽职。

洪承畴深知皇帝对他的器重与恩惠。他曾在自己办公的厅堂里挂着一副自撰的对联：

> 君恩深似海，
> 臣节重如山。

这副对联的上联，表白他对皇帝的感恩之心。下联抒发了他忠于大明王朝的赤子之情，表明自己忠贞不渝、视死如归的气概。

不久，洪承畴率军驻守松山，与清军对峙，后被清军包围，当了俘虏，最终投降了清军，成为清军的将领。他的变节，为人所不齿。当时，有人在他自撰的对联上下两句最后各加一个字：

> 君恩深似海矣！
> 臣节重如山乎？

后加的这两个字都是虚字，属文言字，古文中常见的"之乎者也矣"。这"矣"字表示"已经"和"已然"的语气，是过去时，如"俱往矣"，表示都过去了。也就是说，"君恩深似海"那是过去的事了，现在你洪承畴将这些都丢到脑后了。而"乎"字是用来表示疑问语气的。末了加上这"乎"字，"臣节重如山"就成了"臣节重如山吗？"变成了反问句，表达了对洪承畴贪生怕死、卖友求荣、苟且偷生行径的谴责。

人依他物靠着——倚

yǐ
倚

倚 金文
倚 小篆
倚 隶书
倚 楷书

　　小篆的"倚"字是个左右结构的形声字兼会意字。左边的"单人旁"指"人"，表示跟人有关。"倚"字右边的"奇"字读"qí"，作为声符并会意。

　　"人"字与"奇"字组合，指"人依他物而靠着"。因指的是人依附别的东西靠着，这跟人有关，所以古人以"人"字作为"倚"字的形符。

　　古人为什么用"奇"字作为"倚"字的声符呢？

　　小篆的"奇"字是个上下结构的会意字。上面的"大"字表示"人"。下面的"可"字与"丂"（kǎo）字同义，表示用棍支撑。"人"与"可"组合指"柱着棍一只脚站立的瘸人"之意。隶变后的楷书写作"奇"，本义指"人一只脚站立"，后引申指"独一、单数"，又引申指"不顺、奇异"等意。

　　因人一只脚站立不稳，也有倚和靠的意思。"奇"字应该说是"倚"字的本字，是最早的"倚"字，所以古人用"奇"字作为"倚"字的声符。有人将此解释为"奇"字有"不同"之义，人所靠必须与已不同，故"倚"字从"奇"声。此说有点勉强，姑妄听之。

　　楷书的字形由小篆演变而来，写作"倚"。

　　"倚"字的本义指"靠着"，如身体靠在某物体上，表示依赖、依靠，称"倚靠"。依赖也称"倚赖"。依靠、器重称"倚重"，如倚重贤才；靠着门张望称"倚门而望"，一般表示急切地盼望。"倚"字由本义引申指"凭仗"，指靠别人的势力或有利条件，如倚老卖老，依官仗势、倚势欺人等，都是此意。"倚"字也假借指"偏、歪"，如不偏袒任何一方称"不偏不倚"。

　　"倚"字也作为姓氏用。

"倚"和"倚门倚闾"

孟子曾说过"春秋无义战"这句话，意指春秋时代没有合乎正义的战争。到战国时期，更是混战不已，各诸侯国之间相互攻伐，各施诡计，都是你想灭了我，我想征服你，即使有所谓的联合或同盟，也是各怀鬼胎，各有盘算。

就拿战国时期的齐国来说吧。齐湣（mǐn）王在位16年，他自以为国力强盛，经常欺凌其他诸侯。他南面割占了楚国的淮北地带，西边攻打晋国，又发兵灭了宋国，还想推翻周王朝，自己称"天子"。

后来，秦国联合燕国攻打齐国。燕国大将乐毅攻入齐国国都临淄（zī），把齐国的国宝一抢而空。齐湣王吓得逃到卫国，又逃到邹国、鲁国，最后到了莒邑，即今日山东莒县。这时，楚国看到机会来了，就派大将淖（zhuō）齿率军去救援齐国，把齐湣王迎回国都，这就算救了齐国，但淖齿却留下不走，干脆就当了齐国的国相，把持齐国的朝政大权。齐湣王成了个傀儡。

据《战国策·齐策》记载，在淖齿当齐国的国相不久，就杀害了齐湣王，但密而不宣。齐国人只知道齐湣王失踪了，下落不明，无人敢问。朝廷有一位大臣名叫王孙贾，他的母亲是个有见解、有担当的老太太，她对儿子说："儿呀，平时你早上上朝或是办什么事，回来迟了点，为娘总是倚门而望；如果你傍晚出去，到天黑还不回来，为娘就要倚闾而望。你从15岁起就跟在湣王身边做事，如今国君下落不明，你难道能不闻不问吗？"

王孙贾听了，又羞又愧又感动。他四处寻找湣王，打听他的下落。后来，他得知齐湣王已被淖齿杀害。他愤恨不已，便联合一群勇士，带头冲进皇宫，把正在睡梦中的淖齿用乱刀砍死。

后人将这个故事中贾母所说的"倚门而望"和"倚闾而望"紧缩为成语"倚门倚闾"流传下来，用以形容父母对于外出子女的盼望和思念之情。这儿的"倚"字，指肩靠着门或倚着墙在张望。该字十分贴切，也很真实。

木纹奇美的树——椅

yǐ 椅

椅 小篆

椅 隶书

椅 楷书

　　小篆的"椅"字是个左右结构的形声字兼会意字。左边的"木"字作为形符，表示跟树木、木料有关。"椅"字的右边是"奇"字，读"qí"，作为声符并会意。

　　"奇"字与"木"字组合，指一种木纹美丽的树。因是指一种木纹美丽的树，这跟"木"字有关，所以古人用"木"字作为"椅"字的形符。

　　古人为什么用"奇"字作为"椅"字的声符呢？

　　小篆的"奇"字是个会意字，字形的上面是个"大"字，表示"人"。下面是个"可"字，表示以棍支撑。两形合一，指拄着棍子一只脚站立的瘸腿人。本义指"一只脚站立"。因"一只脚站立"有"独一"之义，所以表示单数，即奇数，与偶数相对。因一只脚站立属不正常，所以有"奇异特别"之义。也有"不一般"之义，由"不一般"又引申指"美好"之义。而椅（yī）树木纹美丽奇特，跟其他树不同，所以古人用"奇"字作为"椅"字的声符，以突出"椅树"的独特之处。

　　椅树又名"山桐子"，属乔木，叶子卵形，花黄绿色，木材可制作器具。因山桐子木质纹理十分美观，古人多用它做有靠背的坐具，这就是"椅"子。

　　作为树名的"椅"读"yī"，即山桐子。作为坐具的"椅"读"yǐ"。椅子属有腿有靠背的坐具，如藤椅、躺椅、摇椅、转椅、皮椅、交椅、轮椅、摇椅、竹椅等。

"椅子"和"胡床"及"交椅"

　　椅子是人们的日常生活用品，是不可缺少的家具。除了站立和躺下，其他都得用到凳子、椅子。这就是坐具。

　　中国在汉代之前是没有坐具的，人们都是席地而坐，在地上垫一层席子，人就坐在席子上，故有"割席"一词。这个词讲的是三国时期，有个叫管宁的书生跟华歆（xīn）是同学，两人合坐一张席子读书。后来，管宁鄙视华歆的为人，把席子割开，分开坐，表示跟他绝交。

　　从汉代以后，从北方游牧民族地区传来"胡床"。所谓的"胡床"的"床"字，并不是今日供人躺着睡觉的床，而是一种坐具。睡觉用的床是唐代以后才出现的。杜甫在《树间》一诗中写道："几回沾叶露，乘月坐胡床。"这是写诗人在户外大树下赏月，坐的就是"胡床"，所谓"胡"，是我国古代对北方游牧民族的泛称。到隋朝，隋高祖杨坚有胡人血统，为了避讳，凡带"胡"字的字都用别的字代替，所以"胡床"就被改称为"交床"。而"床"字仍指坐具。在后来的发展过程中，出现了一种叫马扎的小矮凳，这种小矮凳写作"杌（wù）"，又叫"杌凳"，或称"小杌子"。在苏北方言中，都将小矮凳或小方桌称作"小杌子"。"马扎"又称"交杌"。

　　对"马扎"，人们并不陌生。它的下半部前后两条腿交叉，可以折叠，便于游牧民族携带。这样一来，"杌凳"由"交杌"就变成"交椅"。因为这种交椅上半部有靠背，有了靠背人就可倚靠，故称"椅子"。这样，"交床"也就顺理成章地被叫作"交椅"了。

　　最早的"交椅"是可以折叠携带的，因此成为贵族或有权势人物的用具，不仅在家中用，外出狩猎或郊游乃至出行及行军作战也可用。皇帝外出就带专用的"金交椅"，高官或文人雅士们用特制的带靠背加扶手的交椅。"交椅"普及后，平民百姓家也流行用带靠背但没有扶手的交椅。若是人多时，就要论资排辈，排座次。谁坐头一把交椅，就成了权力和地位的象征。于是，"交椅"二字也能引发宫廷政变乃至战争。

一字一世界

人心理安适——亿

yì
亿

金文
小篆
隶书
楷书

小篆的"亿"字写作"億",这是个左右结构的形声字兼会意字。左边的单人旁作为形符时,表示跟"人"有关。右边的"意"字读"yì",作为声符并会意。

这两个字形组合在一起,指"人心里感到平安、舒适"。因为表达的是人心里的感觉,所以"億"字用单人旁作为形符。

古人为什么用"意"字作为"億"字的声符呢?

古代的"意"字是个上下结构的形声字兼会意字。下面的"心"字作为形符,表示跟人的心理活动有关。上面的"音"字读"yīn"。作声符兼表意。这两个字组合在一起,指"人心里的声音",也就是人的"心思"。其本义为"心中的想法",也就是"心思"。"意"字由此引申指"愿望、志向",还引申指"情趣、情意"。"意"字也包含"满意、得意、合意、如意、舒适及适意"之义。所以,"億"字用"意"字作为声符并会意。

楷书的字形由小篆演变而来,隶变后写作"億",后简化为"亿"。

"亿"字的本义指"平安、安适",后假借指数词,如十个千万为一亿。

"亿"字由上义引申指"数目极大",如亿万、亿万中国人民。

卓文君妙解"亿"字

西汉年间，蜀郡成都有一位才子名叫司马相如，善写赋，为汉武帝所赏识，召至长安为中郎将。他的妻子卓文君也是位才女，她守在成都家中，朝思暮想，盼望丈夫接她去长安团聚。没料到，她痴等了五年，盼来丈夫的一封信，却只有十三个字：

一二三四五六七八九十百千万。

卓如君聪颖过人，学识渊博，她仔细吟读，细细品味，明白了丈夫的用意。这是一封隐讳曲折的休书啊。这十三个字都是数词，组成了一个数字述。按理说，从一到万，尚未结束，"万"的后面应该是"亿"。而司马相如故意没有写这个"亿"字。文君明白，"亿"字与"意"字谐音，丈夫在暗示她：对她已无"意"了。

文君读罢，对丈夫的无情无意悲愤交加。她略一沉思，铺纸研墨，奋笔疾书，把满腔激情，倾注笔端，千言万语，一气呵成：

"一别之后，二地悬念，只说三四月，又谁知五六年。七弦琴无心弹，八行书无可传，九连环从中折，十里长亭望欲穿。百思想，千系念，万般无奈把郎怨。万语千言说不完。百无聊赖十倚栏，重九登高看孤雁，八月中秋月儿不圆。七月半烧香秉烛问苍天，六月伏天人人摇扇我心寒。五月石榴如火偏遇阵阵冷雨浇花端。四月枇杷未黄我欲对镜心意乱。匆匆匆，三月桃花随水转。飘零零，二月风筝线儿断。噫！郎呀郎，巴不得下一世你为女来我为男！"

卓文君写了封理直气壮又情真意切的回信，使用的手法，更胜一筹。她用的是更为难写的"倒顺"体，先从"一"写起，到"万"字结束，接着又从"万"字写起，到"一"字结束。言词恳切，如泣如诉，特别是最后两句"噫！郎呀郎，巴不得下一世你为女来我为男！"既表达了心中的愤懑，又传递了望团聚的愿望，字字句句，打动人心。

据说，司马相如接到这封信后，深为妻子的真情所打动，也为妻子的文才所折服。他回心转意，亲自回乡，将卓文君接到长安，两人恩恩爱爱，和好如初，为后世留下了一段才子佳人的美好传说。

隆重的祭祀礼仪——义

yì 义

甲骨文
金文
小篆
隶书
楷书

甲骨文和金文的"义"字,是个上下结构的会意字。上面是个"羊"字,下面是个"我"字,其本义是"威仪、礼仪"。小篆的"义"字与繁写的"義"字相似。现在简化的"义"字已找不到原先会意字的影子了。

古人用"羊"和"我"表示"义",意义有两种说法。

有人认为,在远古时代,羊与人的关系十分密切。羊食草,不会伤害人,为人提供奶水、羊肉、羊皮,是人类的生活必需品。

"羊"是善物,也是吉祥物。"我"要将它高高举起,也就象征要把"善"高高举起,所以认为"义"的本义就是"善"。

这一说法虽有些道理,但忽略了"我"字的本义。在古代,"我"并不是今天你我的"我",而是指一种长柄的兵器。这种兵器在战场上不太灵便顺手,但在仪仗队里用得上,所以在部族祭祖时,除了供上羊头之外,还有手握"我"的武士作为仪仗队。这个上有"羊"、下有"我"的"义"字,就表示威仪、礼仪。

部族的礼仪是隆重神圣的,是受到族人尊重的,所以"义"又引申为"公正的道理、正直的行为",如义举、义演、正义、道义、仁义、义举、义理、见义勇为、大义灭亲、义不容辞。

"义",也表示情谊,如情义、无情无义、忘恩负义。

"义",也表示意思,如意义、定义、字义、本义、含义。

"义",也表示拜认的亲属关系,如义子、义母、义父。

滴水不漏测"义"字

乾隆三十九年,苏州测字先生范时行移居上海,虽然在异乡,但每日慕名测字的人还是踏破了门槛。

一天,有人以"义"字问终身。

范时行问来客:"你属什么生肖?"

那人回答:"属羊。"

范时行又问:"谁属羊?"

那人回答:"我属羊呀!"

范时行听了,叹了口气说:"难啊,'义'字拆开上面是个'羊'字,下面是个'我'字。我问谁属羊,你说是'我'。既然你是羊,羊即是你,这个'义'字再也拆不出什么别的字了,所以你只能一辈子孤身,连家都成不了,其他的就都免谈了。"

虽然测字者很不高兴,但对范时行滴水不漏地拆了"义"字这件事,还是心服口服的。

两手种树苗——艺

yì
艺

甲骨文
金文
小篆
隶书
楷书

古代的"艺"字,说来很复杂。它既是象形字,也是会意字,还有人说它是形声兼会意字。甲骨文和金文的"艺"字,像一个人双手捧着一棵树苗,本义指"种植",后来在这个字形上加了个草字头,说明种的是植物。小篆在下面加了"云"字,用来说明种植是耕耘之巧,如同云纹。后来的字体又有所变化,左上方像树苗,左下方加上了"土"字,右方是人字形,表示人将幼苗栽到"土"里。隶变后的楷书写作"藝",后简化为"艺"。

简化后的"艺"字可看作是个上下结构的形声兼会意字。上面的草字头是形符,表示跟草木植物有关;下面的"乙"字是声符,读"yǐ"。两形合一,指"种植植物"。声符"乙"字像植物屈曲萌芽之形,用作声符也很形象,既能表声,也能会意。

"艺"字的变化很大。繁体字形人们已很陌生,但字形所表示的意思很明确,它的本义指"种植",如作物栽培、选种等技术称"农艺",种植蔬菜、花卉、果树等技术称"园艺"。

"艺"字由本义引申指"技术、技巧",如手工业工人的技艺为"手艺",富于技巧性的表演艺术或手艺称"技艺",工艺、球艺、武艺、棋艺、曲艺、舞艺、多才多艺等,都是这个意思。

"艺"字由"技术、技巧",引申指"艺术",如艺人、艺名、艺林、艺坛、艺苑、文艺等。

"艺"字也作为姓氏用。

令人惊奇的技艺

无锡东门中学的杨老师，今天做了充分的准备，要把课文中的"艺"字讲深、讲透彻。

简体字"艺"字只有四画，一览无余，可讲的东西不多。为了让同学们了解汉字的博大精深，他将繁体字"藝"字和历代书法名家写的"藝"字，一张张复印放大，陈列在讲台前，供同学们欣赏。

杨老师从独特的角度，讲解"藝"字。

有人说古代的"藝"字，是由种植树苗演变而来的，为什么？因为上面有草字头，下面有手、有土，本义指"种植"。因为种植花草树木要有技术，所以引申指技艺，再引申到艺术。如果这样说的话，这个"藝"字里的"坴"字、"丸"字、"云"字起什么作用呢？古代的"坴"字读"lù"，指高出水面的陆地，也指高高的平地。"丸"字是会意字，像一个人伸手摆弄一个小圆球的样子，有玩杂耍的意思。下面的"云"指云彩。我们不妨大胆地想象一下这个场景，描述了一位艺人，他身轻如同草叶，在空中耍丸玩。就如同在陆地上一样轻松自如，优美准确。这就是高超的技艺，也是"藝"字所体现的境界。这就是一字一世界。

艺无止境。令人叹为观止的技艺表现在各个方面，就拿下象棋的棋艺来说吧。宋朝有两位象棋高手在旅店相遇，晚上下棋时灯油干了，他们各自就凭记忆，按棋子的走法，一问一答，继续下棋。这是笔记小说里记载的，我将信将疑。有一年暑假，我在城中公园同庚厅棋社碰到初中时一位同学，因为他上学没多久就到南京体育学院去了，所以名字记不得，但面孔熟。十几年不见，大家还认识。我问他会不会下棋，他不置可否。我强拉他下一盘，他心不在焉，一边跟人闲聊，一边背后伸出一只手跟我下棋。我心中不快，要他认真走棋。他回转身只走了一步，我便输了。我不服气，下第二盘，走了没几步，我所有棋子都不能动了，每动一步，棋子便被消灭。我像被捆扎得严严实实的肉粽子，动弹不得。后来才知道，我这老同学是中国象棋冠军戴荣光，他是象棋大师啊。这就是大师的技艺。

音入于心记得牢——忆

yì
忆

意 小篆

憶 隶书

忆 楷书

"忆"字是个后起字,《说文解字》未收录。

古代的"忆"字是个左右结构的形声字兼会意字。左边的"竖心旁"作为形符,表示跟人的心理有关。"忆"字的右边是"乙"字,但这是简体字。楷书的繁体字是"意",读"yì",作为声符并会意。

"心"字与"意"字组合,指"声音由耳朵传入内心,就记得很牢,不会忘掉"。古人总以为人的思维和记忆都是由"心"决定的。人的思想观念及心理活动都由"心"产生,都由心主宰,人的记忆也是由心管理,所以用"心"字作为"忆"字的形符。

古人为什么用"意"字作为"憶"字的声符呢?

小篆的"意"字是个上下结构的形声字兼会意字。上面是"音"字,表示说话的声音。下面是"心"字,心里的话要通过声音说出来。别人的话或声音要通过耳朵进入心中,故"声入于耳藏于心",就记得住,不会忘记,所以古人用"意"字作为"憶"字的声符。

隶变后的楷书写作"憶",后简化为"忆"。

"忆"字的本义指"回想、记得",如回想、记得称"回忆"或"记忆",回想也称"忆想",如"忆想往事"。记忆力、回忆录、记忆犹新、忆苦思甜等中的"忆"字都是指"回想、记得"。

记"忆"奇迹

记忆力有强有弱，有些人的记忆力强到了惊人的地步。有一档收视率很高的节目《最强大脑》，其中有不少人展示出来的记忆力真让人感到不可思议，堪称奇迹。

有超强记忆力的人，不仅现在有，古代也有，难怪有"一目十行""过目不忘"这样的词语。距今2200多年的东汉时期，有个人叫应奉，此人记忆力惊人。他读书确实是一目十行，且过目不忘。

应奉曾在汝南一带为官。就是今日河南省东南部，加上安徽省阜阳一带。他主管当地治安和审判罪犯的事，那里范围广，人口多，工作量极大。有一年，他共审理了42个县的案件，审判了1000多名罪犯。当朝廷派官员来核实个别案件时，他不看宗卷，不问其他人，对所问案情及细节，一一对答，准确无误，就连罪犯的长相特征及犯罪的时间地点和当天的气候阴晴也丝毫不差。这使朝廷审核的官员大为惊讶。

据史书记载，应奉20岁那年去彭城，即今日的徐州看望一位名叫袁贺的朋友。很不凑巧，袁贺出远门了，院子里只有一位木匠关着门在制作马车。应奉敲门时，木匠手上正忙着，顾不上开门，回应道："主人出远门了，家里没人！"

应奉心想，主人既然不在家，那就走吧。他正要转身，只听门"吱呀"一响，木匠将门开了半扇，露出半个脸，想看看来者何人。应奉只瞄了他一眼便走了，木匠也随手关了门。

日月如梭，一晃30多年过去，应奉又去彭城，一日在街市行走，见迎面有一人与他擦肩而过。他觉得此人似曾相识，随即想起，这位就是当年从袁贺家门缝里看过一眼的木匠师傅。他转身喊住木匠，果然就是他。

在短短一瞬间，仅见了半个面孔的人，几十年后仍记在脑海里，这记忆力确实惊人。后人将这半面之交称作"半面之雅"或"半面交"，也有称"半面"。这三个词都用来表示相交不深或相知不多，仅仅是半面交情而已。但这个典故所说的故事却让人印象深刻。

梦中说的话——呓

小篆的"呓"字是个左右结构的形声字兼会意字。左边的"口字旁"作为形符，表示跟嘴巴有关。"呓"字右边的"艺"字是"藝"字的简体字，读"yì"，作为声符并会意。

"口"字与"藝"字相组合，指"人在梦中说的话"。因指的是梦中说话，这跟"口"字有关，所以古人用"口"字作为"囈"字的形符。

古人为什么用"藝"字作为"囈"字的声符呢？

甲骨文的"藝"字是个会意字，写作"埶"，读"yì"，是一人手持树苗栽种的形状，表示种植。金文在下面加了个"土"字，以突出种在土地上之义。小篆的字形使其整齐化，隶变后楷书写作"埶"。本义为种植。后来引申指"技能、形势"。由于"埶"字做了偏旁，种植之义便另加草字头"蓺"来表示，说明种的是植物。或另加义符"云"字，写作"藝"来表示，说明耕作之巧如云纹，后来俗体字写作"藝"，成了正体字，如今简化为"艺"。这"艺"字既指种植，又指技能园艺，还发展为"艺术"之"艺"。这"艺"字就有了艺术之义。艺术充满变化巧合，而人在做梦时忽东忽西，变化莫测，所说的梦话也是千变万化，真真假假，正因为此，古人才用"藝"字作为"囈"字的声符并会意。

楷书的字形由小篆演变而来，写作"囈"，现简化为"呓"。"呓"字的本义指"梦话"。梦话就是"呓语"，也称"梦呓"。

"呓"和"呓语"

"呓"字在《现代汉语词典》中的解释极简单,只有两个字:呓语。说起"呓语"一词的出典,有一个有趣的故事,事见《拾遗记·吴》一书。

三国时代,吴国国君孙权手下有一名大将叫吕蒙。此人足智多谋,是一位战略家。他能总揽全局,统筹兼顾,协助周瑜,大破曹军于赤壁。他曾率军袭击蜀军,夺回荆州,擒杀关羽。他为吴国的强盛立下赫赫战功。孙权对吕蒙很赞赏,认为他的才能仅次于周瑜,是东吴的战将。

吕蒙少年时代不爱学习,读书不多,后在孙权的劝告下,发愤读书,成了一位文武双全的军事家。

吕蒙跟孙权的哥哥孙策亲如手足,两人无话不谈。孙策常邀吕蒙到家里喝酒,喝得酩酊大醉是常有的事。喝醉了就留宿在孙策家。

有一次,吕蒙与多位好友在孙策家饮酒,吕蒙醉酒后伏在桌上睡着了,众人也不当回事,由他睡去,他们照常喝酒。

众人喝酒时,忽听吕蒙在睡梦中喃喃自语,口中念念有词,听得出,他嘴里说的,都是《周易》上的词句。有熟悉《周易》的人证实,他在背《周易》。

孙策将吕蒙摇醒。他揉揉眼,大声说:"哎呀呀,你们坏了我的好梦呀,我刚刚在听文王和周公两位帝王讲学呢。他们学问高深,谈的是日月星辰的运行,人间朝代的兴亡交替……讲的道理奥妙无穷,但又通俗易懂,我不知不觉,跟着他们一个字一个字地学……"

众人听了,十分惊奇,因为他几乎一字不漏地背出了《周易》中的一些章节。于是,大家共同送了他一句话:"吕蒙呓语通《周易》。"这句话的意思是:吕蒙在睡梦中学通了《周易》所阐述的深刻道理。

后人将这句话中的"呓语"二字变成了常用词,就是说梦话的意思。从古至今,这个词的意思从没变化过。

人聚居的地方——邑

yì
邑

甲骨文

金文

小篆

隶书

楷书

甲骨文的"邑"字是个上下结构的会意字。上面的"口"字指范围，像一个四四方方的城堡。下面的"巴"字是个跪坐着的人的样子，指这里是人们聚集居住的地方。这地方称之为"城邑"。"邑"字读"yì"，是部首字，用作右偏旁时写作"阝"，称之为"右耳朵旁"。以"邑"字取义的字，大都与城镇地名有关，如郑州、邗江、邹县、祁门、城郊、郡、都、郴、部等字都跟地名有关。

楷书的字形由小篆演变而来，写作"邑"。

"邑"字的本义指"人们聚居的地方"。

"邑"字由本义引申指"市镇、城市"，如城邑、通都大邑。古时县的别称为"邑"，如本县为"本邑""邑境"，县令被称为"邑宰"。

"小邑"改"县令"

1600多年前的东晋时期,有一位大文学家名叫陶渊明,浔阳柴桑(今江西九江)人。相传,他是晋大司马陶侃的曾孙。幼时家境贫困,但他聪明好学,博览群书。他信奉儒家学说,早年就有远大的政治抱负。29岁时,任江州祭酒。不久辞官,回乡躬耕自给。40岁时任彭泽县令。有一次,上级官员来巡视,县吏提醒他,应该穿戴整齐,恭恭敬敬地去见长官。陶渊明长叹一声:"我不能为五斗米向乡里小人折腰。"继而愤然辞官归田。这便是"不为五斗米折腰"的来历。当时县令的薪酬是五斗米,故有此说。

归田后,他不满政治腐败,洁身自好,生活贫困,甚至乞食度日。他后来写的《桃花源记》,创造了一个没有剥削和压迫,人人过着和平安宁生活的社会,寄托了他对美好生活的向往。这首传奇诗,对后世文人及创作产生了深远的影响。

过了700多年,北宋时的大文学家苏东坡在一首诗中写到陶渊明时,其中有这么一句:

渊明为小邑。

这句诗写的是陶渊明任彭泽县令,不为五斗米折腰的典故。写好之后,他仔细推敲,觉得"渊明为小邑"的"为"字用得不妥。因为这"为"字既可理解为做了小县官,因为这"为"字可作"当"字讲,即"当了小县官"。但"为"字又可作"治理"讲。一字两义就不准确了。经再三斟酌,他把"为"字改为"求":渊明求小邑。过了些时间,苏东坡觉得"小邑"这词也不好,没有点明是"求官",而是求小县城这一个地方了。人们很容易理解为,陶渊明要求调到小邑来。所以,他又将"小邑"改成"县令",最后定稿为:

渊明求县令。

如此一改,就写出了陶渊明因家境贫困,求做小官的迫切心情,诗意就更加丰富多彩了。

倒入另一个器皿——易

yì 易

甲骨文

金文

小篆

隶书

楷书

甲骨文的"易"字，是一只鸟儿振翅欲飞的侧面形象，这是个象形字。

在金文中，这只鸟的形象更为清晰。小篆已看不见鸟儿的影子，与楷书的"易"字更接近了。

也许古人特别羡慕能飞翔的小鸟，所以就造出了"易"字，表示鸟儿可以任意变换它们飞行的姿势，这就是"易"的本义。

也有人认为，"易"字虽是象形字，但不是像鸟儿振翅欲飞的样子，而是像爬行动物蜥蜴。"易"就是指蜥蜴，俗称的四脚蛇。后来另造了个"蜴"代替"易"。"易"是"蜴"的本字。

还有专家不同意以上两种说法。他们认为甲骨文的"易"字，像人手里拿一个器皿，把里面的水注入另一个器皿里。据此分析，"易"字的本义是"给予"的意思。在金文中，"易"常用作赏赐的"赐"。"易"字又有"变换、更换"的意思。这个说法颇有说服力。

在现代汉语里，"易"由它的本义引申出改变、变换的意思，如移风易俗、贸易、交易。

我们常把一件事做起来毫不费事称为"容易"，与"难"相对。易如反掌、简易、轻易中的"易"也是这个意思。

平易近人比喻态度和蔼，这里的"易"解释为平和。

"易"也是一个姓氏。

且勿改变——易

中国的科举制度，由隋朝到清朝末年，延续了近1300年。读书人为考上进士或考中状元，寒窗苦读，奋斗一生。其间，也确实涌现了不少人才，为统治阶层选拔官员起了重要作用。

科举考试的题目是严格保密的，谁泄露了，就有杀头之罪。考试的内容大多出自古籍，如《四书》《五经》。考生们要熟读诗书，在考场上临阵发挥，当场成文。考官对书写格式都有严格要求，不符合规定的试卷，一律取消资格。古人和今人一样，考试前都喜欢猜题。题目猜中了就容易考中，所以，不少考生就专攻一门古籍，一旦猜中了，那就金榜题名啦。

却说南宋年间，江南有位考生名叫赵哲。他以《易经》为主攻方向。《易经》也称《周易》，是《五经》之一。哪知，这年科考题目与《易经》无关，他扑了个空，没考中。今年他想改攻《论语》。对此，他拿不定主张，就去拜访拆字名家朱安国，求他指点。

朱安国问他："我以字说事。你让我拆什么字？"

赵哲写了个《易经》的"易"字说："就拆'易'字吧。"

朱安国仔细看了看"易"字，用手按住上半部说："这'易'字上面像'且'字，下面是'勿'字。两者组合为'且勿'。'且勿'者，要你暂且勿要改变，我劝你还是攻读《易经》吧。日后定会成功。"

赵哲听从朱安国的话，继续钻研《易经》。两年后会试，题目果然跟《易经》有关。赵哲熟记于心，下笔如有神，那真是一挥而就，文不加点，一举考中贡生。

赵哲十分感谢朱安国的指点。其实，应归功于自己钻研《易经》多年，有了较高的水平。至于朱安国拆"易"字猜准了题，那只能算是瞎猫碰上死耗子——撞上啦。

用手下棋——弈

yì
弈

小篆的"弈"字，是个上下结构的形声字兼会意字。上面的"亦"字读"yì"，作为声符并会意。下面的"廾"字读"gòng"，作为形符，表示跟两只手有关。

"廾"字与"亦"字相组合，指"用手下棋"。

先说"廾"字。在甲骨文、金文和小篆中，"廾"字的字形大致相同，都是会意字。

甲骨文的字形是两手对拱举有所奉的样子，表示两手捧物的意思，是"共"字与"奉"字最早的字形，是"共"和"奉"的本字。隶变后的楷书写作"廾"。作偏旁时写作"大"和"又"字等多种形式。本义为"两手捧物"。凡与"廾"字取义的字，大都与两手的动作有关，如弄、弃、算等字。"弈"是指"下棋"。下棋必须手举棋子，所以古人用"廾"字作为"弈"字的形符。

古人为什么用"亦"字作为"弈"字的声符呢？

古代的"亦"字是个指事字。甲骨文的"亦"字从"大"，在这儿用"大"指"人"字的形状。在这伸开手脚的"人"字腋下加两点，指出腋窝所在。本义指"人的腋窝"，后借作副词，相当于"又"。而人们下棋总是下了一盘又一盘，直到分出胜负或尽兴为止，所以古人用"亦"字作为"弈"字的声符并会意。

楷书的字形由小篆演变而来，写作"弈"。

"弈"字的本义是指"围棋"，作动词用指"下棋"。"围棋"是棋类运动的一种，棋盘上纵横各19道线，交错成361个位，双方用黑白子对着（zhāo），互相围攻，吃去对方的棋子，以占据位数多的为胜。

两人下棋为"对弈"。"博弈"指下围棋，也指赌博，还用来指为谋取利益而竞争。

弈 小篆

弈 隶书

弈 楷书

正在下围棋——弈

郑可鉴先生是个奇人、怪人。他开了家旅游公司，由夫人和儿子打理，他自己却一头钻进汉字研究里，常常给人家测字问前程，不知底细的人还以为他是借此捞外快呢，其实他分文不取，纯粹是个人爱好，广交朋友。

星期天，他来到王副局长家，正巧交警部门的张队长也在。两人正在下围棋哩。

大家都是熟人，讲话随便得很。王副局长丢下棋，倒茶待客，笑道："你老郑来总是没好事呀，又有什么违章的事要我们俩违法乱纪了？"在一旁的张队长打趣道："我可不想掺和。"

郑可鉴央求道："非你不可哩，车子被扣了。"

张队长皱着眉头问："哎，郑老板，你那测字的玩意儿是真是假？搞得我们不敢跟你来往，好像跟神汉、巫婆有勾搭似的。今儿没外人，你就以我和王局长正在下棋的事，测测王局长这次能不能转正。"

郑可鉴一听就明白：老局长快退休了，王副局长是否马上顶替？他想了想，便说："二位正在下棋，关键字是'正'和下棋的'弈'字。"

张队长说："那你就给王局长测'正'字吧。"

郑可鉴说："'正'字是个吉祥字啊，堂堂正正。可'正'字有'一下而止'的意思。还没到'一'就止步了。也就是还没当上一把手就停止了。不过，幸亏王局长姓'王'，跟'正'字相差一横，说明这正局早晚是他的，等一下就行了。先主持工作再说嘛。"

两人听了，哈哈大笑。郑可鉴熟悉人事升迁规则，他这样说，完全在理。王局长听了很满意，说："那你给张队长测测'弈'字吧。"

郑可鉴笑道："这还要我测吗？全在你手里啊。这'弈'字上面是'亦'，意为'又'，也作'也'字用，读音为'一'，听起来就是'又升了，也升了'。再说这'弈'字跟'变'字相似，说明两位在一两年内会有大变化。"什么变化，多大变化，郑可鉴没往下说。

言多必失。双方目的都达到了，还说啥呢？

一字一世界

水满漫出器皿——益

yì 益

甲骨文

金文

小篆

隶书

楷书

　　甲骨文的"益"字是个会意字，这字属上下结构。上面是一股水向外漫出来的样子。下面是个皿（mǐn）字，指盛水或盛食物的器皿，属瓦罐、瓦盆一类的用具。这两个字形表示水从盆里漫出来，流出盆外了。

　　金文的字形与甲骨文大致相同，上部的水变得较为简洁。篆文使之整齐化，隶变后的楷书写作"益"。

　　"益"字的本义指水满了漫出来向外流。后来，这个本义被另造的"溢"字所取代，因此"益"字是"溢"字的本字。

　　由于"益"字的本义指水满了溢出来，由此便被引申指"水涨了"。因水涨表示水增多了，所以"益"字又引申指"增加、多"，如进益、增益、滋益、延年益寿。

　　"益"字由"增加、多"，又引申指"更加"，如益发、精益求精、多多益善、老当益壮、日益壮大。

　　由于增加了，得到的好处更多了，所以"益"字又引申指"好处"，如益处、补益、公益、利益、权益、收益、受益、实益、无益、效益、开卷有益。由此又引申指"有好处的"，如益虫、益鸟、益友、有益、益智。

　　在古语中，"益"字还有"超出、过度"的意思，如两喜必多溢美之言，两怒必多溢恶之言。在这儿，"益"字和"溢"字是同一个意思，两字是通用的。

　　"益"字也作为姓氏用。

血光之灾——益

南京夫子庙的测字先生胡铁嘴，年事已高。他养成一个习惯：早睡早起，一般晚上9点钟不到就上床睡觉了。

这晚10点多钟，忽然有人敲门。开门一看，是远房侄儿胡永兴。

胡永兴身高马大，为人仗义，但有勇无谋，常干些为朋友两肋插刀的事，其实是上人家当，为人家扛木梢。他最近为朋友打抱不平，伤了人，仇家四处追寻他报仇。今晚他来找胡大伯商量对策。

胡铁嘴起床，接待这很少上门的侄儿。他虽然不喜欢这侄儿，但看在本家份上，只好以测字说事，给他指点迷津。

胡永兴按规矩从布袋里摸出个字牌。胡铁嘴移到灯光下一看，是个"益"字。胡永兴见是"益"字，舒了口气，以为是吉祥字，面露喜色。

胡铁嘴握笔接连写了好几个"益"字，开口道："永兴，不是大伯骂你，你人模狗样，尽做些二百五的事情。你一天到晚干些什么？"

胡永兴委屈地说："我没干什么啊。"

胡铁嘴没好气地说："你兴风作浪，惹是生非，弄得被人追杀，东躲西藏，这还不够吗？"

胡永兴害怕了："依大伯这么说，我有杀身之祸？"

胡铁嘴道："我不知你究竟干了什么事，我只能就字说事。这'益'字上面可拆成'三点一线'，下面是个'血'字。这'三点一线'，由血凝成，血已凝成块，还能没有杀身之祸？你没杀身之祸，半夜三更跑到我这儿来干什么？"

胡永兴吓得有点发抖了，结结巴巴地问："大伯，你看我该如何是好？"

胡铁嘴见把他吓成这样，心也软了。毕竟是本家侄儿，又是看着他长大的，便给他指了一条道："根据这'益'字拆开看，上面可看成是二十八，下面是'血'字，二十八日内有血光之灾。你赶紧离开南京，到上海、无锡一带谋生吧。"

胡永兴听了，连忙溜走了。胡铁嘴看着他的背影，一边关门，一边自言自语："不说两句狠话，还吓不走你呐。"

听话音方知心意

古代的"意"字是个形声字。上面的"音"字是声符。下面的"心"字是形符,表示与心理活动有关。"意"字的本义为志向,也就是一个人的意向,主要指愿望、意愿。

也有人认为,"意"字是个典型的会意字。由上面的"音"字和下面的"心"字组成。"心"字指心里的活动,所想的事。而心里所想的事,要表达出来就必须张口说话。说话就会有声音,听到说话的声音才能明白意思,所以"意"字以"音"作为声符并会意。

"意"字的本义指"意思",如意见、意会、意义、意象、意向、本意、大意、立意、满意、歉意、示意、天意、随意、主意、情投意合、言外之意。

"意"字由本义引申指"心愿、愿望",如意念、意识、意图、得意、假意、厚意、乐意、民意、如意、无意、心意、愿意。

"意"字又假借为"意料、料想",如意外、意想不到、出人意料、出其不意。

"意"字由本义又引申指"意味、情趣",如意气、意趣、意境、春意、敌意、恶意、敬意、酒意、善意、谢意、情意、睡意、凉意、诗情画意。

"意"字也作为姓氏用。

宋·黄山谷《松风阁诗卷》

出人"意"料的平常事

民国年间,镇江金山寺来了一位高僧。这位高僧学问甚是了得,他能把深奥的佛家学说,通过生动的事例,深入浅出地解释清楚,听者无不折服。

这天,高僧在讲经堂讲经说法,来听讲的香客、居士多达数百人。大家平心静气,凝神细听。

今天高僧讲的大意是:人生在世,当以平常心对待平常事。有些事,看似很平常,但却出人意料。他见众人似乎不解,便抛开原有话题,问道:"在座各位,想必熟读诗书。今日老僧有一字想求教各位。这'音'字下着一'心'字是何字?"

众香客听了,交头接耳,纷纷议论起来。有说生平从未见过此字,有说曾在一本古书上见过此字,却忘了是什么字。有说常常见此字,却一时说不出来这是什么字。还有人在手掌上写来画去,就是说不出此字。更多的人认为,这是高僧拿一个世上没有的字在考问大家哩。

高僧见众人答不出,便笑着说:"这是大家平常所见的'意'字。真是意想不到吧?"

此时,满座皆笑,觉得真是荒唐。这么常用的字怎么就没想到呢?

高僧见众人大笑,又举例说:"前日有位居士来访,我请问贵姓,他说姓'章''立早章'。我说,啊,'十音章',他大惑不解,问我此人在哪儿。"众人又是大笑一场。高僧吟诗一首,赠予众人。诗曰:最平常事最神奇,说出玄妙人方知。平常心待神奇事,平平常常遂人意。

一字一世界

水从盆里流出来——溢

yì
溢

甲骨文

溢
小篆

溢
隶书

溢
楷书

　　小篆的"溢"字是个左右结构的形声字兼会意字。左边的"三点水"是形符，表示跟水有关。右边的"益"字读"yì"，作为声符并会意。

　　"水"与"益"字组合，指"水满了从盆里流出来"。因指的是水从盆里流出来，这与水有关，所以古人用"三点水"作为"溢"字的形符。古人为什么用"益"字作为"溢"字的声符呢？

　　甲骨文的"益"字是个会意字。上面的几个小点表示水，下面的"皿"字指木盆，表示水流水盆外之义。金文的字形大致相同。小篆的字形使其整齐化。隶变后的楷书写作"益"。

　　由此看来，这"益"字就是"溢"字的本字，是最早的"溢"字。本义指"水满溢出"。

　　"益"字由本义"水满溢出"，引申指"水涨"，又引申指"增多"，再引申指"有好处"，又引申指"更加"。"益"字为引申义所用，所以古人就在"益"字左边加三点水，专指"水满溢出"。而"益"字做了偏旁，也单用。也正因为此，古人才用"益"字作为"溢"字的声符并会意。

　　楷书的字形由小篆演变而来，写作"溢"。

　　"溢"字的本义指"水满向外流"，如溢洪道、横溢、溢出、充溢、漫溢、洋溢、河水四溢、脑溢血。

　　"溢"字由本义引申指"过分"，如过分地称赞称"溢美"，感情流露在言表上、神情上称"溢于言表"，高于原定价的价格或平价的价格称"溢价"。

术士测"溢"惹大祸

　　山东有个军阀，手下有个团长率军驻扎临沂。这个团接到命令，近日要开往前线，士兵们恐慌不安。正巧，有位手执"测"字布旗的术士从营房门前经过，被几个士兵死拉硬拽，拖进屋里，要他测个字。术士无奈，掏出字袋，要其中一人摸个字，以字测事。一个小班长摸出个"溢"字。术士将"溢"字展示给大家看："这个字认识吧？不认识，就看样子。左边三点水，右边上面四点一横。四点也是指水，一横指'皿'字，是盘子或盆或罐等用来装水的，指水多得漫出来了。"

　　小班长不耐烦地说："啰唆半天，跟俺打仗死人有屁关系啊！"

　　术士忙说："长官息怒，在下要说的正是此事。打起仗来，炮弹子弹不长眼睛啊，那还不是血流成河吗？你瞧这'溢'字下半部分，有一个小撇连着'皿'字就成了'血'。长官挑的这'溢'字，正是告诉各位将有血光之灾。快逃命吧，命要紧啊。"

　　众人四散而逃。正巧团长来巡查，见这么多士兵外逃，忙下令追捕。不一会儿，总算抓回来几个，其中包括那倒霉的术士。

　　团长问明测字之事，怀疑这术士是敌方的奸细，要将他就地枪决。术士说："他们逼我测字。测字不犯法，罪不当死。"

　　团长说："你既会测字，你自知会有今日吗？"

　　术士说："我以字说话，请赐一字。"

　　团长说："还是测'溢'字，看你怎么说。"

　　术士说："此字有血光之灾，我也难免。虽不致死，但军棍挨几下，也得出血的。"

　　团长说："你测一下，你该挨几军棍？"

　　术士说："'溢'字里共有六个血点，因'溢'有过多溢出之意，就算加一倍，我该打十二军棍。"

　　团长说："你以为我不识字？'溢'字左右共有七个点，你怎只算六个点？"术士央求道："团座，您将'皿'字左角上那一撇当成一点了，实在冤枉啊。"

　　团长发怒道："打你十五棍，算你没测准！"

手执武器　坚强刚毅

yì 毅

金文

小篆

毅 隶书

毅 楷书

　　金文及小篆的"毅",是个左右结构的形声字兼会意字。右边的"殳"字读"shū",在甲骨文中是个会意字,像手持一把长柄圆头的兵器,显示出有所捶击的样子,也表示投掷之义,属古代的兵器。在这儿作为形符,表示跟兵器有关。

　　左边的"豙"字读"yì",作为声符并会意。

　　"殳"字与"豙"字组合,表示手执武器,有决断而不屈之义。因这里是指手执武器,所以古人用"殳"字作为形符。

　　古人为什么用"豙"字作为"毅"字的声符呢?

　　金文的"豙"字是个会意字。上面是"立"字,下面是"豕"字。"豕"字读"shǐ",在甲骨文中是象形字,像头竖着的大肥猪,本义为"猪"。"豕"与"立"组合,指猪因愤怒而使身上的毛竖立起来,因此"豙"有盛怒之义。本义指"果决、刚强、坚韧"。正因为此,古人才用"豙"字作为"毅"字的声符,以突出刚毅、坚毅之义。

　　楷书的字形由小篆演变而来,写作"毅"。

　　"毅"字的本义指"气盛发怒"。人或动物在气盛发怒时,会显得十分坚强果断。因此,"毅"字由本义引申指坚强、果断,如坚强持久的意志称"毅力",坚决地、毫不犹豫地、果断地称"毅然",沉着坚强称"沉毅",刚强坚定称"刚毅",坚定有毅力称"坚毅"。

妙测"毅"字

"测字"本来是一种游戏，将一个字拆解开来，编成有趣的故事。对测字故事，最好当成文字游戏或戏说汉字来看待。

清朝同治年间，时任闽浙总督的大臣左宗棠，在福州创办了福州船政局。后来他调任陕甘总督，福州船政局就由江西巡抚沈葆桢接任。

这一年，正好是开科秋试。这是每三年举行一次的"乡试"，由各地省政府举办，因是在秋天举行，俗称"秋闱"。乡试考中者称为"举人"。考中"举人"，便具备了当官的资格。范进中举的故事，便是乡试的情景。因乡试事关前程，所以大家十分关心。

这一年，船政局有好多人参加乡试。开榜前，考生和船政局官员一起聚餐。沈葆桢平易近人，他也赶来参加聚会。席间，大家猜测今年船政局有几人会考中，众说纷纭，没个准儿。沈葆桢提议道："你们胡乱猜想怎么行呢，不如在座各位每人写一个字放桌上，我任选一字来测，看我局今年有几人高中。"

众人喊好。当场有人取来纸笔，各自将字写好折叠密封，沈葆桢任取一张，打开展示给众人看："这是个'毅'字。'毅力'之'毅'，好字哇。"说罢，他举着这"毅"字颠来倒去地端详了好一会，说："我断定，这次本局将有六人可以考中。"

众人不解，问："有何依据？"

沈葆桢指着"毅"字说："各位，这'毅'字最关键的是左边下半部的'豕'字。'豕'（shǐ）者，猪也。猪者亥（hài）也。'亥'是地支第十二位，用十个天干和十二个地支相配，从甲子到癸亥共六十对，此为一个甲子，到猪年是六十年。我们取六这个数。'几'字为'船'之一股。'又'字又为'政'字之半数，所以说'船政局'会有六人考中。"据说，发榜后，船政局果然是六人考中。

且不说这个故事是真是假。就拿测这个"毅"字来说，能从中演绎出一个"六"字来，还能从中找出"船政"二字的两个零部件，这拆字功夫也是了得的。

一字一世界

鸟身两侧的翅膀——翼

yì 翼

甲骨文的"翼"字是个象形字，字形像鸟的一只翅膀。金文的字形有较明显的区别，变成了一个上面是"飞"字，下面是"異"字的形声字。

小篆的"翼"字，承接金文，但又有不同，将"飞"字改成了"羽"字，成了个上下结构的形声字兼会意字。上面的"羽"字作为形符，表示跟鸟儿有关。"翼"字下面的"異"字读"yì"，作为声符并会意。

古人为什么用"異"字作为"翼"字的声符呢？

甲骨文的"異"字是个会意字，字形像人两手举起，将假面具戴在头上的形状。上面的"田"字是表示头部，下面的"共"字像两手，隶变后的楷书写作"異"，现简化为"异"，"異"字是"戴"字的本字，是最早的"戴"字。本义指"头戴假面具"，由本义引申指"奇特、与众不同"。因戴着假面具，当然显得"奇特"了。"異"字又引申指"分开"，如"身首异处""离异"。因鸟的翅膀是分在左右两侧的，有分开之意，所以古人用"異"字作"翼"字的声符兼会意。

"翼"字的本义指"翅膀"，如翅膀接着翅膀称"比翼"，也指夫妻相伴不离；位于主体两侧的也称"两翼"；鸟用翅膀护卵，孵出小鸟，比喻养育或庇护称"卵翼"，还有羽翼、不翼而飞、如虎添翼等词语。

"翼"字由本义引申指"像翼的东西"，如鼻翼、机翼、尾翼。由此又引申指"作战时的两侧或政治派别"，如侧翼、右翼、左翼。由本义又假借指"帮助"，如翼赞、翼助、翼扶。"翼"字也指谨慎，如小心翼翼。

"翼"字也作为姓氏用。

金文
小篆
翼 隶书
翼 楷书

"翼"和"不翼而飞"

有一个成语"不翼而飞",这个成语出自西汉刘向整理的《战略策》一书。这本书记叙了战国时诸侯各国之间的斗争和游说之士的言论和活动。这既是一部史书,也是一部杰出的散文著作。这里讲了一个战争故事。

战国时期,秦国是强国。秦王四处出击,企图侵占别国领土。这一年,秦王派大将王稽率军攻打赵国。秦国将赵国都城邯郸团团围住,但连续攻了一年多,仍然没攻进城。

王稽手下有位姓庄的幕僚劝他说:"为鼓舞士气,你得设法犒赏官兵,人困马乏,久攻不下,士兵思乡之切,恐生逃亡叛乱之心。"

王稽这人有勇无谋,且刚愎自用。他听罢怒斥道:"我只知遵秦王之命,他人的话我都不听!"

庄幕僚正色劝道:"你是阵前大将,如此独断独行,已引起下级军官和士卒的怨恨。我听人说,三人成虎,十夫揉(róu)椎(chuí),众口所移,毋翼而飞。"

庄幕僚这段话的意思是说,你的一意孤行,已招致士卒对你的不满。人常说,连续三个人都谎报说城里有老虎,大家就信以为真了。如果有十个人一起用力,就能把粗大的棒槌弄弯。如果人们众口一词,都想改变不合理的事,这种呼声,不用翅膀,也能很快地飞向四面八方。

王稽对庄幕僚的话充耳不闻,依然我行我素,结果秦军内部发生骚乱,士兵大批逃亡,下级军官也弃他而去。秦军大败。秦王震怒,下令杀了王稽。

后人将庄幕僚这段话中的"不翼而飞"作为成语流传下来。这个成语的意思为:说出的真话,传播得很快、不用翅膀,也能四处传递。现在也用来比喻某种物件忽然不见了。这个成语,跟"三人成虎"是有明显区别的。"三人成虎"指谣言重复多次,就有人会信以为真,跟另个成语"曾参杀人"差不多。而"不翼而飞"是舆论很重要的意思,它会很快地传播并发挥作用。

躺在席子上——因

yīn
因

"因"字是个象形字，也是个会意字。从甲骨文到金文、小篆直到楷书，其形状没有什么变化。外面是个方框，你可以理解为是铺在地上的席子或是垫子。里面是个"大"字，这是个摊开手脚仰躺着的男子正在休息、睡觉。

人躺在席子上或垫子上，这不同于躺在地上。这席子和垫子是人躺在地上的依靠和凭借，所以"因"字的本义是"依靠、凭借、依据"，如因人而异、因势利导、因陋就简、因地制宜、因人成事、因材施教。

"因"字转义为"照旧、沿袭"，如因循守旧、陈陈相因。

"因"表示缘故，这个意义用得最多，如原因、成因、事出有因、前因后果。

"因"字作介词由于用，如因此、因噎废食、因故改期、因事请假。

甲骨文

金文

小篆

隶书

楷书

东晋·王献之《淳化阁帖》

唐·颜真卿《多宝塔碑》

唐·怀素《圣母帖》

明·王铎《拟山园帖》

木扇指因成了"困"

乾隆丁卯年,福建的乡试过后,考生谢廷光听说洪山桥有一个善于拆字算卦的人,就邀了个朋友前去拜访,测测这次乡试能否考上。

几个人来到了测字先生家,谢廷光拈了一个"因"字,询问乡试能否考中。拆字先生说:"口内一人,你是今科的第一名啊!"

同去的朋友手中正握着一把木折扇,就用扇子指指"因"字说:"我也用这个'因'字请您给测一下。"

拆字先生朝他看了看,皱起眉头,说:"你的木柄扇子刚才指到了'因'字中间,这框中有木便变成了'困',恐怕你要做一辈子穷书生了。"

几天后,考试结果一公布,谢廷光果然榜上有名,而他的朋友却名落孙山。

其实,这拆字先生是个善于察言观色的人,他见谢廷光的朋友伸手用扇子指指点点,动作粗俗,不懂礼貌,便知道他文采也高不到哪儿去,所以认为他不会考中。

口含物发出的音乐声

yīn
音

甲骨文

金文

小篆

音 隶书

音 楷书

　　甲骨文的"音"字与"言"字同源，是个会意字，本来是表达同一个意思，表示人用口吹箫或吹喇叭等乐器的形状，指发出声音。这种声音可以是乐器发出的音乐声，也可以是人口中发出的语音声。古人为了分化字义，在金文中，在"口"字当中加一短横，表示这是从口中含物发出的音乐声，而不加短横的则是人的语音。

　　小篆承接金文字形，并使其整齐化。隶变后的楷书将原先甲骨文发出声音这一意思，分化为两个字，分别写作"音"字和"言"字。"言"字指人用嘴讲话。"音"字指人用"口"吹乐器发出音乐声。

　　"音"字的本义指"乐音、乐曲"。"音"字由乐音乐曲，引申泛指"各种声音"，如声音的高低称"音调"；声音和容貌称"音容"；发出语音或乐音，也泛指发出声音称"发音"；隔绝声音的传播称"隔音"；土语的口音称"土音"；家乡的口音称"乡音"，还有音调、音符、音节、单律、伴音、鼻音、颤音、读音等词汇。

　　"音"字由本义假借指"消息"，如往来的信件或消息称"音信"，也称"音讯"。"杳（yǎo）无音信"指远得不见踪影，形容一点消息也没有，还有福音、佳音、回音等词。

有意无心，难成知音

午后，南京夫子庙的测字大师胡铁嘴在大油布伞下的躺椅上打盹儿，润德里章大爷家的小五子将他摇醒，套着耳朵叽咕道："胡大爷，救救我姐的小命。我参要将她许配给开米行的音家当儿媳。他儿子吃喝嫖赌样样行，坏透了。我参请你给他算命，你得往坏处说噢。"

胡铁嘴眯着眼睛听，待他说完，小声斥道："河边无青草，不用多嘴驴，你给我死远点儿！"

小五子伸伸舌头，溜了。不一会儿，章大爷来了，胡铁嘴倒茶让座，寒暄几句，章大爷说明来意，报了音家老大的生辰八字，要求测个"音"字，看这门亲事能不能谈。

胡铁嘴坐下，写了个"音"字说："你是有备而来，存心要测'音'字。我是以字说事，跟你又是老弟兄，不说假话，你也不要传话，那要得罪人的。'音'字表示声音，也作为姓氏用。古时十音为一章。姓'章'的总是自称'立早章'，其实应说'十音章'。音家底细不详，现在开米行。你章家从前在城南可算是大户人家，不敢多说，恐怕抵十户音家也不止。这也应了'十音一章'的说法。如此说来，这婚事先天不足，门不当，户不对。"

这一说，把章大爷镇住了。但他不服，道："这也是巧合吧？我若是改'弓长张'呢？"

胡铁嘴笑道："你总不能为嫁女改名换姓吧。"

章大爷点头认错。胡铁嘴又指指"音"字道："婚姻大事，要两厢情愿，有情有意。你女儿无心，也就无意。'意'字无'心'，剩下个'音'字，这叫难成知音。"

章大爷不死心，问："'音'字难道没好词儿？"

胡铁嘴边说边写："'音'字加'日'为暗，暗无天日；加'口'为喑（yīn），嗓子哑，说不出话；加'心'为愔（yīn），默默无声；加'手'为揞（ǎn），是敷药、抹药粉的事；加'黑'为'黯'（àn），指昏黑、乌黑、黯然失色……"

转身跳舞敲乐器——殷

yīn
殷

甲骨文

金文

小篆

殷 隶书

殷 楷书

  金文的"殷"字是个左右结构的会意字。左边是个"身"字，像个面孔朝右、挺着大肚子的人。右边是个"又"字，上面一横，像一双手拿着小棒或小槌之类的东西在击打乐器。

  小篆的"殷"字也是会意字，但字形有所不同。它左边是"ㄅ"，这是反过来的"身"字，有身体转过来的意思。右边是"殳"，这是古代的一种武器，在这儿表示随身所带的跳舞时使用的道具。整个意思就是这个人转过身来既跳舞，又击打乐器，表示音乐很响，场面热烈。

  "殷"字的本义为"盛大"，如殷盛。后转义表示富足、丰盛，如殷富、殷实。

  "殷"字也表示黑红色，如殷红、朱殷。

  "殷"字同音假借表示恳切、情意深厚，如殷切、情意甚殷。

  "殷"字表示热情周到，如殷情、招待甚殷。

  "殷"字是古代一个朝代的名称。

  "殷"字是一个姓。

唐·欧阳询《皇甫府君碑》

元·赵子昂《行书千字文》

"殷"字里的科学和政治

甲骨文的"殷"字，左边是个腹部突出的人形，右边是一只手拿着锐器，表示手执针砭治疗疾病的意思。

在远古时代，人们除了用石刀切割脓肿瘀血之外，还有用骨针、竹针或金属针实行针刺疗法；或用石片、牛角片实行刮痧、放血治疗。

"殷"就是放血、针刺。而放出的血多为赤黑色，因此"殷"就有黑红色的意思，这就是人们常说的"殷红色的鲜血"。从中可看出，"殷"字里包含着丰富的医学知识。直到今天，人们还在用针灸、刮痧、放血等手段来治疗疾病。

说到"殷"字里的政治斗争，那就更加有趣了。

中国历史上有个商朝。商纣王是商朝最后一个君王，周武王打败了他，建立了周朝。商王朝曾经迁都于"殷"，也就是现在河南安阳西北一带，但殷人仍然自称商，所以历史上称这一时期为"殷商"。

古代"身"字的字形像个大腹便便的贵族。而"殷"的左边"月"恰恰是一个反写的"身"字，表示商朝的贵族已失去贵族身份了。其右边是一只手拿着棍子，表示被人驱赶、奴役。在这儿，"殷"字是指受奴役的人。

殷被周所灭，殷的贵族成为奴隶。这是殷商贵族的耻辱。"殷"字也是周人给商王朝起的带有蔑视性的绰号。

有人考证，周人之所以用"殷"字来称商王朝遗留下来的贵族，是说商王朝贵族酗酒贪食，整个王国就像一个腹部脓肿的病人，而周人就是手执针砭的大夫，给他们动了大手术。

由此可见，"殷"字中包含了多么激烈的政治斗争啊。对这种解释，读者朋友可能不以为然，那就请姑妄听之。

口中有节奏地吟诵

yín
吟

古代的"吟"字是个左右结构的形声字兼会意字。左边的"口"字作为形符,表示跟"口"有关。右边的"今"字读"jīn",作为声符并会意。

"今"字与"口"字相组合,指"口中有节奏地诵读"。

因是"诵读",这跟口有关,所以古人用"口"字作为"吟"字的形符。

古人为什么用"今"字作为"吟"字的声符呢?

有人认为,人们在吟诵时,声情并茂,抑扬顿挫,十分有节奏感,且声音清脆如"今"。因"今"字读音清脆悦耳,故古人用"今"字作为"吟"字的声符并会意。

楷书的字形由小篆演变而来,写作"吟"。

"吟"字的本义指"声音抑扬地念",如有节奏地诵读;或在写作诗词时推敲诗句称"吟哦";有节奏地朗读诗文称"吟咏";体会和体味诗词的意境称"吟味";歌唱、吟咏称"歌吟";说话时迟疑不决、低声细语称"沉吟"。

"吟"字由本义引申指"叹息",如呻吟。没有病却故意发出痛苦的哼声称"无病呻吟",也用来比喻文艺作品矫揉造作,没有真实感。

小篆

隶书

吟
楷书

"吟"杏花诗

"吟"与"朗读"及"朗诵"虽说都指诵读诗文,但它们之间还是有所区别的。"朗诵"是大声地诵读诗歌或散文,把作品的感情表达出来。而"吟"还需注意声音不那么高,有种音乐感。这里讲个跟"吟"字有关的故事。

几十年前的那段荒唐岁月里,南京师范大学中文系的教授,被打发到句容县黄乡农村接受再教育。这儿属丘陵地带,一座座小村庄散落在绿树丛中,很是雅静。这些村庄的名字都富有诗意。乡政府所在地叫黄梅桥。周围有紫竹林、榆树沟、小桃园、花岸里……其中还有个杏花村。教授们分散住在这些村子里。常教授和梁教授有幸分在杏花村,两人喜悦之情自不待说。因为他俩都好喝两口,特别是杏花酒。这儿虽无酒店,但看看远处的牧童,就能联想到"遥指杏花村"的意境了。

这天,县里的黄梅戏剧团到黄梅桥演出,人们像过节似的,挤进黄梅中学大操场去看演出。说来很奇怪,这一带的人不知有京剧,也不知何为话剧,只知道安徽的黄梅戏,都说"那实在好听"。祖籍广西的梁教授,也是黄梅戏迷。他不在乎内容如何,只想听听那调儿就心满意足了。他硬是拉着常教授一块儿去,常教授为顺便买一瓶酒,也跟着去了。

常教授先买好一瓶杏花酒,到操场站了会儿,锣鼓开场,天上下雨了。这时正是黄梅天,雨下个不停,人们只好扫兴地回家了。

回到住地,两位教授关上门,拿出牛肉干、咸鸭蛋、花生米,有滋有味地喝起了杏花酒。常先生一口酒下肚,诗兴就上来了。他吟道:

> 来杏花村,吟杏花诗,更喜杏花酒。

梁教授喝了口酒,叹了口气,吟道:

> 看黄梅戏,遇黄梅雨,可恼黄梅天!

吟罢,两人抿了口酒,又探讨起唐诗、宋词来。

白色金属元素——银

yín
银

　　古代的"银"字是个左右结构的形声字兼会意字。左边的金字旁作为形符，表示跟金属有关。右边的"艮"字作为声符并会意，这个字读"gèn"。"金"与"艮"相组合，指"白色的金属元素"。因是金属元素，所以"银"字用金字旁作为形符。

　　古人为什么用"艮"字作为"银"字的声符呢？有人认为，因"艮"有"怒目相视不相上下"的意味，而"银"字也称"白金"，与黄金齐名，不相上下，所以古人以"艮"字作为"银"字的声符并会意。此说有点意思，但想象的成分浓，尚不能令人信服。

　　楷书的字形由小篆演变而来，写作"银"。

　　"银"字的本义指"银白色的金属元素"。

　　银的导电、导热性能好，可用来制作器皿，如银锭、银杯、银盘、银针、银笛、银牌、银器。

　　银字由本义引申指"跟货币有关的"，如银行、银币、银楼、银钱、银子、白银、足银、银根、银号。由本义还引申指"像银颜色的"，如银耳、银狐、银幕、银鱼、银杉、银杏等。

　　"银"字也作为姓氏用。

银 小篆

银 隶书

银 楷书

手上"赢字"和手里"银子"

汉字中有很多同音字和谐音字，人们利用汉字谐音的这一现象，创作了不少谐音诗词、谐音对联和谐音故事。

清朝乾隆年间，有一位书画家、诗人名叫郑板桥，他曾在山东潍县当过知县，民间流传着不少有关他审案、破案的故事，许多抑强扶弱、伸张正义的事儿都加在他身上，演绎出许多有趣的故事来。

却说潍县城南有一家"安顺客栈"，店主姓安，因客栈地处交通要道，生意红火。但住过的旅客常有钱物丢失，因数量不大，也便忍了，没作计较。但有一个穷秀才带老母亲进城治病，住进这家旅店，第二天发觉救命的二十两银子不见了，他认定是店主夫妇所为，一纸诉状将店主告到县衙，请知县郑板桥定夺。郑板桥对这家旅店失窃之事多有所闻。他把店老板召来审讯，店老板矢口否认，还大呼冤枉。郑板桥心生一计，叫他伸出手来，在他手心写了个"赢"字说："如今有人告你，你能不能打赢官司，就看老天爷怎么定了。若你手上这'赢'字经得起太阳晒，说明银子不是你偷的。若'赢'字晒得消失了，银子就是你偷的。总之，'赢'字还在你手上，你官司就赢了。"说完，叫他站到台阶上，伸手晒太阳。

郑板桥令衙役将店老板妻子带来。老板娘见丈夫伸手晒太阳，好生奇怪，但不敢多问。

郑板桥低声问老板娘："你丈夫已招认，银子是你俩偷的。你从实招来，交出银子。"

这老板娘一时摸不着头脑，心里犹豫，支支吾吾，不肯开口。郑板桥见此情景，心中有底了。他对站在台阶上的店老板大声问道："你手里的'赢'字还在吗？"店老板一听，忙不迭地回答道："还在哩，'赢'字还在我手上呢。"

老板娘一听，"扑通"跪下，磕头如捣蒜，连声说："小人有罪，该死该死，银子在我家里呢……"

郑板桥巧用"赢字"与"银子"谐音，破了这盗窃案，读之令人拍案叫绝。

雨水过多——淫

yín
淫

淫 金文
淫 小篆
淫 隶书
淫 楷书

古代的"淫"字是个左右结构的形声字兼会意字。左边的"三点水"作为形符，表示跟水有关。"淫"字右边的"㸒"字读"yín"，作为声符并会意。

"㸒"字与"水"组合，指"雨水过多"。因是指雨水太多，这跟"水"有关，所以古人用"水"字作为"淫"字的形符。

古人为什么用"㸒"字作为"淫"字的声符呢？

小篆的"㸒"字是个会意字，上面是个"爪"字，表示"手"。下面是个"壬"字，这个字读"tǐng"，甲骨文的字形像人挺立在土台之上，本义指"人挺立在土台上"，后引申泛指"挺立"。这个"壬"字与"爪"字组合成"㸒"字，指人伸手妄有所取之义，隶变后的楷书写作"㸒"。"㸒"字的本义指"务多贪求"。因为"㸒"字作了偏旁，古人就在"㸒"字左边加三点水写作"淫"字来代替"㸒"字，表示雨水过多之义。如今"㸒"字不单独使用，凡以"㸒"字取义的字都与"过分"等义有关。由此可知，"㸒"字是"淫"字的本字，是最早的"淫"字，难怪它成为"淫"字的声符了。

楷书的字形由小篆演变而来，写作"淫"。"淫"字的本义指"久雨不停，雨水过多"。后引申泛指"过多、过度"，如黄梅天连绵不断地下雨称"淫雨"，重刑、酷刑称"淫刑"，滥用威力称"淫威"。"淫"字由上义引申指"放纵"，如淫荡、荒淫无耻、骄奢淫逸。由上义又引申指"不正当的男女关系"，如淫乱、诲淫、卖淫、奸淫等词。

"淫"字由"放纵"引申指"迷惑"，如"富贵不能淫"，指不为金钱地位所迷惑，常与"威武不能屈"连用。

富贵不能淫

人们在看到"淫"字时,往往首先想到的是淫荡、淫猥、淫欲这层意思,反而将"淫"字的另几层意思忽略了,甚至将"淫"字在句子中的作用理解错了。例如众所周知的"富贵不能淫"中的"淫"字,恐怕就理解得不深刻,以致将"富贵不能淫"的本义曲解了。

"富贵不能淫"这句话出自《孟子·滕文公下》,其中有一段是这样说的:"居天下之广居,立天下之正位,行天下之大道。得志,与民由之;不得志,独行其道。富贵不能淫,贫贱不能移,威武不能屈,此之谓大丈夫。"

按今日的说法便是:大丈夫应该住在天下最宽大的房间里,站在天下最正当的职位上,推行天下最崇高的道理。当他得志的时候,就和百姓们沿正道前行;若不得志时,就坚持自己的原则,独自走自己的道路。富贵不会给他造成迷惑,贫贱不会改变他的志向,威逼利诱不能使他屈服,这样的人才称得上是大丈夫。

从孟子给大丈夫所立的标准来看,大丈夫有顶天立地、决不屈服的意味,是孟子心目中最理想的人格力量,这种人格力量是神圣的,是高尚的,是常人所不能及的。如果把"富贵不能淫"理解成"富贵了不淫荡或不做淫秽的事",诸如不去嫖娼,不去做作奸犯科的事,那么这个标准也定得太低了。这是一般公民都要具备的道德品质,怎能和大丈夫相提并论呢?

由此可见,这里的"淫"字不作"淫秽"讲,应作"迷惑"来理解。即使富贵了,他也不会迷失方向,仍然沿着既定的目标前行。这才是真正的男子汉大丈夫。

两手捧箭头——寅

yín
寅

甲骨文

金文

小篆

寅
隶书

寅
楷书

"寅"字的字形和表义较为复杂，隐晦难识，导致说法众多，难以统一。

有人认为，甲骨文和金文的"寅"字是象形字，都像箭矢或两手捧箭的形状。小篆将箭头演变为宝盖头"宀"和"一"，成了现在的字形。箭是武器，两手捧箭表示动武，也就是双方开战。战争关系到生死存亡，这是非常严肃认真的事。所以，"寅"字的本义为"敬"，如寅畏。

也有人认为，甲骨文的"寅"字是会意字，上部如同箭矢之形，表示母亲生下儿女时脐带连接的方向，中间有手的符号，表示用手小心翼翼地接引胎盘的下落，本义为"引导胎盘出降"。由引导胎盘出降，引申出恭敬、迎接之义，又引申出"向前运动"的意思。但此义由后人造的"演"字所代替。

也有人认为，金文的"寅"字是会意字，像正面双腿交叉的人形，交叉点为膝盖骨所在。小篆的"寅"字，上面是宝盖头，下面是"更"字，表示挖去的膝盖骨，均为会意字，其本义都是指"膝盖骨"。

也有人认为，甲骨文的"寅"字，是两手捧箭矢的形状，其本义指箭头，后来这个本义为"矢"所取代，"寅"字就借作恭敬的意思。

不管怎么说，如今"寅"字的这些本义都已消失，后假借为用来指地支的第三位，作名词，即子、丑、寅、卯、辰、巳、午、未、申、酉、戌、亥中的"寅"，用以纪年、月、日、时，如寅年。寅吃卯粮，指寅年吃了卯年的口粮，比喻入不敷出，预先支用了以后的收入。寅月指正月。寅时，指凌晨3点钟到5点钟。

皇上是否南巡——寅

清朝的乾隆皇帝，经常微服私访，到民间考察民情。有人说他纯粹是为了游山玩水，寻欢作乐。这恐怕小看了乾隆皇帝的统治手腕，他不经常考察民情，怎能保住他的江山呢？

这一年，江苏巡抚特地去拜访测字名家程省，希望他测一下，近日皇上是否南巡？若是皇上南巡，他得有个准备，不要到时惹祸上身，丢了乌纱帽。

程省按惯例，叫巡抚从布袋中任意摸出一个字，翻开一看，这是个"寅"字。程省端详着这个"寅"字，好一会儿才缓缓地说："大人，你看，这寅字，可拆成'宇''宙''一''人'四个字，故有宇宙一人之象，这正是万民仰问圣上之字也。"

巡抚一听，点头称是，又问："圣上近日究竟会不会南巡呢？"

程省指着"寅"字的宝盖头说："这寅字上有离宫之形，下有甲胄之人护卫之义。看来，皇上已离宫南巡了。"

巡抚又惊问道："圣上何时到江南一带呢？"

程省掐指算道："寅者，属地支第三位，圣上当在下月初三到江南。"

巡抚一听，连忙告辞，回府去暗做准备了。

手握权杖——尹

yǐn
尹

𠂂
甲骨文

尹
金文

尹
小篆

尹
隶书

尹
楷书

对"尹"字的字形,有两种不同解释,但大同小异,没有根本的分歧,都认为这是个会意字。

有人认为,甲骨文的"尹"字,像一个人手持一根杖,这是老年人拄的拐杖。其实,这个字应理解为象征权力的权杖,其本义是指握有权杖,是管理民众的官职。

金文的"尹"字与甲骨文相似。小篆的"尹"字中,那根权杖已向下延伸,到楷书就将权杖改为竖钩,将那表示手腕的部分缩短,写成了"尹"字。

"尹",旧时表示官名,如府尹、道尹、京兆尹。

尹,是一个姓。

另一种说法认为,甲骨文、金文中的"尹"字,那根表示权杖的一竖是表示一枝笔。手持笔,表示治理百姓。这也许指的是文治。

不管是以笔文治还是以权杖代表的权力来统治,都是表示管理民众。

"尹"是旧时的官名。在这一点上既然没有分歧,我们也就不必要去探究古人那一竖是一枝笔还是一根权杖了。

唐·褚遂良《倪宽赞》

元·饶介《三希堂法帖》

小神童说"尹"字

唐朝时,长安有一个孩子,非常聪明,出口成章,被人称为"小神童"。

这小神童家隔壁有个姓尹的邻居。这姓尹的邻居,人长得丑,到了小神童家,东拉西扯,尽说些闲话,耽误时间,小神童有点儿讨厌他。可这姓尹的没看出来,还笑嘻嘻地对小神童说:"贤侄,你能不能以我的'尹'字为题,咏上几句呀?"

小神童不好拒绝,只好应声答道:"丑虽有足,甲不全身,见君无口,知伊少人。"

小神童的父亲一听,知道儿子句句都在讥讽客人,忙呵斥道:"小孩子乱说,怎么一点规矩也没有?"

小神童辩解说:"我怎么没规矩啦,丑加足,甲去边,君无口,伊少人,这不句句都扣着'尹'字吗?"

姓尹的邻居听了,虽然知道小神童在讽刺自己,但还是忍不住夸奖他才思敏捷,机智过人。

细细品味,倒也是。这,"丑"字加足,也就是那一撇拖长点儿算是脚,不就是个"尹"字吗?"甲"字去掉左边,剩下的也是个"尹"字。"君"字少个"口","伊"字去掉"人"字旁,剩下的都是"尹"字呀。

一字一世界

拉弦开弓——引

yǐn 引

甲骨文 𢎘
金文 𢎘
小篆 引
隶书 引
楷书 引

对"引"字的字形，有三种解读。

有人认为，小篆的"引"字，是个左右结构的形声字兼会意字。左边的"弓"字是形符，表示这是一把"弓"。右边的一竖读"gǔn"，作为声符。这个字的本义指"棍子"，但在这儿指搭在弓上的箭。这两个字形组合在一起，指拉开弓弦，准备射箭。本义指"拉、拉开"。

也有人认为，甲骨文和金文的"引"字是个指事字。左边是"弓"字，表示一把"弓"。右边弯曲的线条表示在拉弦。后来的小篆将弯曲的线条拉直变成一竖，表示弓弦需要拉到的位置。本义指"开弓"，泛指"拉"。

还有人认为，甲骨文和金文的字形是会意字。右边是"弓"字，左边是"大"字。这"大"字表示"人"，指人开弓欲射之意。金文将"人"的形状繁化，"弓"省略弦，只留下一"弓"。小篆将"弓"整齐化，右边加了一支箭，隶变后楷书写作"引"。

"引"的本义指"拉开"，如物体相互的力称"引力"，也称"吸引"，如地心引力、万有引力。"引"字由本义引申指"伸着"，如引颈而死、引决自杀、引吭高歌。"引"字由本义又引申指"带领"，如引导、引渡、引航、引见、引领、引路、引桥、引言、牵引、指引、引言、引人入胜。

"引"字由"带领"引申指"诱发、招惹"，如引诱、逗引、引发、勾引、吸引、招引等词。

由"带领"还引申指"用来作为证据或根据"，如引文、引用、引证、旁证博引、引经据典。"引"字还假借指"避开、退却"，如引退、引咎。

拉弓"引"箭射爱神

这天，郑可鉴率团来无锡，梁溪谜语研究会马汉文等人设家宴款待。小陶有一位朋友，仰慕郑可鉴大名，小陶想请他跟自己的朋友聊聊，看能否让他走出失恋的阴影，重新振作起来。

郑可鉴事先向小陶了解了情况，然后胸有成竹地说："好吧，到时见机行事，开导开导！"

众人在马汉文家吃罢饭，喝茶聊天，小陶领着一位青年适时而至。小陶介绍道："这孩子叫张扬，仰慕郑导大名，想到这儿见识见识，领略你的风采。"

郑导笑道："一个小老头儿，有何风采！我可说清楚哇，我这郑导是导游之导，可不是影视导演啊。"几句话把大家逗笑了，张扬也笑了。

郑导问小陶："你说这个小伙叫张扬？他一点头也不张扬啊，好像刚从缅甸（腼腆）来的。现在年轻人还是张扬点好，最好都是仰光（阳光）来的……"几个谐音词，把现场气氛搞活了。

小陶说："我想请你测个身体的'身'字，帮他找找原因。"

郑可鉴道："我以字说理。你说的'身'字，加'弓'为'躬'，'躬'身就是弯腰曲背。这弯腰曲背的'躬'，本是繁体字'躬'字的下半部。你想，一个一表人才的好青年，干嘛要弯腰曲背地仰仗于别人呢？事业失败了，恋爱失败了，重新再来嘛，腰杆挺直嘛，天涯何处无芳草，好姑娘多着呢，怎能只看重一个人，吊死在一棵桃树下？况且代表桃花运的桃树长得矮，这种树吊不死人！"

众人听了，都哈哈大笑，张扬也笑了。

小陶问："'身'字加'弓'为'躬'，加别的呢？"

郑导立马回答："'身'字加'寸'为'射'，这小伙子过于自卑，他条件挺好啊，可能不少女孩暗恋他呢，只怪他没发觉。他没有提弓引箭，向爱神射出这一箭。"

小陶请求道："那你就再测个'引箭'的'引'字吧。"

郑导道："'引'字不明摆着吗，一把弓，一支箭，就等着张扬扬起臂，张开弓，引箭向爱神射出去啊！"

品尝美酒——饮

yǐn
饮

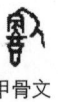

甲骨文中的"饮"字是一个会意字。"饮"字左边是一个酒坛,右边是一个人。这个人弯着腰把头凑到酒坛的边上,张大嘴巴,那"口"字上还有一点,这一点表示舌头,他似乎用舌头在品尝着美酒。

在金文中,"饮"字的形状没有多大变化,只是原来的坛子变成了"酉"的字样。

小篆的"饮"与金文的字形已经有了区别,右边的人变成了"欠"的字形。由上面的分析,我们可以看出,"饮"的本义是"喝"。

在现代汉语中,"饮"字还沿用本义,如饮水、一饮而尽。有时还可以特指喝酒,如豪饮。

"饮"字还统指饮食,如饮食男女。又指饮料,如冷饮、热饮。

"饮"字还有含、忍的意思,如饮恨而终、饮冤。

"饮"字不仅用于人,也指给牲口喝水,如饮马、饮牛。

唐·怀素《自叙帖》

宋·米芾

落难书生遇神医——饮

明朝万历年间，江西婺源县有一位书生，名叫宋仁。这宋仁真是命苦，正当他一心苦读，准备赴京赶考时，一场大火把家烧个精光，父母受伤，先后去世。他孤身一人，只好翻山越岭，往九江走去，投奔舅舅。

宋仁身无分文，一路奔走。他饥肠辘辘，肚子实在饿了，就采些野果充饥，捧起泉水解渴。这天，他正伏在泉边喝水，忽见一位白胡子老人站在他眼前。宋仁一见，以为遇到了神仙。

这老人鹤发童颜，虽非神仙，却是景德镇有名的医生，他手到病除，人称"神医"。"神医"姓许，他是到山里来采草药的。

许神医见宋仁饿得面黄肌瘦，捧水充饥，不由出了句上联问道："欠食饮泉，白水何以度日？"

这上联嵌了六个字，"欠食"为"饮"，"白水"为"泉"，并关心地问他以何度日。

宋仁也是个才子，见眼前老人如此关心自己，不由长叹一声，答道："才门闭卡，上下无边逃生。"

这下联也嵌了六个字。"才门"为"闭"，"上下"为"卡"。这六个字，道出了自己不幸的遭遇。

许神医拿出干粮给宋仁吃，并与他攀谈起来。他见宋仁仪表堂堂，才气过人，便将他带回家暂住。

宋仁在许神医家住了一个多月，不仅爱上了许神医家的独生女儿，更是爱上了许神医的医术。他放弃功名，不再赴京赶考，而是跟随许神医学医，最后当了许家的上门女婿，还成了许神医的传人呢。

土山挡住看不见——隐

yǐn 隐

金文

小篆 隱

隶书 隱

楷书 隐

　　古代的"隐"字写作"隱",这是个上下结构的形声字兼会意字。左边的软耳朵旁是形符,这是"阜"字简省的写法,表示"土山",右边的"㥯"字是声符,读"yǐn"。这两个字形组合在一起,指"被土山所遮挡,前面的景物不能看见"。因为"阜"有土山之义,所以"隱"字用"阜"作为形符。

　　古人为什么用"㥯"字作为"隱"字的声符呢?因为"㥯"有"不轻易显露出来,不易被人了解"的意思,而"隱"字有因土山阻挡而不露的意思,所以用"㥯"字作为"隱"字的声符并会意。

　　"隱"字在小篆中有多种字体,隶变后的楷书写作"隱",后简化为"隐"。

　　"隐"字的本义指"藏匿不露",如躲避、躲藏、掩盖、掩饰都称"隐藏",遮盖、掩饰称"隐蔽",隐藏、潜伏称"隐伏",掩盖真相不让人知道称"隐瞒"。隐讳、隐居、隐秘、隐没、隐匿、隐退、隐恶扬善、隐姓埋名等,都是藏匿不露之义。

　　"隐"字由本义引申指"不明显、不清楚",如意思不明显称"隐晦";不直接说,暗指称"隐射";隐形飞机、隐形战线、隐形眼镜都是这意思。

　　"隐"字由本义又引申指"藏在内心的、深处的、潜伏着的",如,不愿说出的真相称"隐情",克制忍耐称"隐忍",不愿说的或隐隐约约的疼痛称"隐痛"。隐患、隐忧、隐疾、隐衷、恻隐、难言之隐等,都表示内心深处的感情或事情。

消除"隐"患

这天,无锡梁溪谜语研究会的朋友,在会长马汉文家聚会。话题由"隐"字谈起。小陶说:"有个字谜"争先恐后到阵前",'争先'指'刍'字,'恐后'指'心'字,'阵前'指'阝'字。三者相拼扣'隐'字。这'隐'字就是软耳朵加'急'字。'隐'与'急'有什么相关?我肚子隐隐作痛,是经常性的,跟急急忙忙无关嘛!"

周其良听了忙插话:"你刚刚说的字谜里有'刍'字,有'心'字,这就是'急'。'刍'(chú),指刚出窝的雏鸟。雏鸟高飞,翅膀不硬,飞不了多久,急于找个地方落脚隐藏,所以用表示土山的软耳朵和'急'字相结合来表示'隐'。"

老马说:"周兄所说恐怕是指简体字。繁体字'隱'字,重在声符'㥯'字,它表示人双手持杵捣土筑墙。捣土筑墙干什么?挡风遮雨,所以'隱'字的本义指筑墙作为掩蔽。由本义'掩蔽'引申指'藏匿、隐藏'。坏事隐藏起来,就是'隐患'。"

赵振南说:"跟'隐'字搭配的词组中,数'隐患'二字最沉重、最可怕。隐痛、隐忧、隐疾都能预测也能对付,唯独隐患,它深不可测,难以捉摸,是个祸患。就像床脚下埋着颗地雷,不知何时爆炸,让人坐立不安。"

接着,赵老讲了段他清除隐患的故事。

"文化大革命"期间,赵振南大学毕业,在无锡一家机器制造厂劳动锻炼。一天午饭后,他到厂工会阅览室看报。那时报纸也没啥看头,他随手拿起一本《解放军画报》看。翻到一页,不由大吃一惊,只见伟大领袖的照片上,有个明显的大十字叉。不知是哪位边吃饭边看画报,鱼卤之类的汤汁滴上去,此人心急慌忙,用手左抹一下、右抹一下,无形中就制作了一起"反革命案件"。赵振南心细,知道此事一旦被好事者利用,会引起事端,殃及无辜。他见四下无人,用一份《人民画报》盖住作为掩护,偷偷撕下了这张被污损的照片,揉成一团,装进口袋,带回车间,扔进炉膛里了。他这消除隐患的举动,从没对人说过,直至近50年后才在至爱亲朋面前解密。

用手按人下跪——印

yìn 印

甲骨文

金文

小篆

印 隶书

印 楷书

甲骨文的"印"字是个会意字。字形左上方是个"爪"字，表示"手"。下面是个"卩"字，这个字读"jié"，在甲骨文中是个象形字，像一个跪坐的人形。在这儿表示用手按住一个人，使其跪下之意。这是后来出现的"抑"字和"摁"字的本字。金文的字形将"爪"字上移，更像用手按人跪下。小篆的字形使其整齐化。隶变后的楷书写作"印"。

"印"字的本义指"按压"，即将人向下按，用力压。后来在使用印章时，需要将印章用力地按压下去才能留下印记，所以将"印"字引申指"印章"。在这儿，"印"字作动词用，指要留下痕迹，如"脚印"。

"印"字后来又引申指"印刷"。因为图章印出来的痕迹与图章的文字相符合，所以又引申为"相合"，如"印验"。

后来随着"印"字引申义增多，古人又在"印"字傍加提手旁另造了"抑"，专门用来表示"压抑"。"摁"字专门用来表示按压，如摁手印、摁电铃。而"印"字重在表示印章，印痕、印证、印刷这几层意思，如印鉴、盖印、大印、印把子等表示"印章"，印象、烙印、掌印、指印等表示"印痕"，心心相印表示"印证"，印染、印书、打印、翻印、排印、影印等表示"印刷"。

"印"字也作为姓氏用。

赵匡胤与"香印"

避讳这种习俗，自周朝开始就有了，到秦朝逐渐形成，在唐朝和宋朝最为盛行。在盛行时期，避讳特别是对帝王的避讳，就如同法律，任何人都不得违犯。就连人们日常讲话，都不能触犯这些忌讳，更不用说书写帝王的史书了。

宋朝有个文人名叫吴处厚，他写了本《青箱杂记》，其中讲到一件有趣的事。

宋朝初年，文化、经济都较发达，街市繁荣，货物充足，大街小巷有不少摆地摊的，也有不少货郎挑担沿街叫卖的。在这些小贩中，有一种人值得一提。

当时有一种人是专门卖香的。他们卖的，大多是用来祭拜神灵或祭祀祖先的物品，跟今天的香是同一个类型。这种香在当时称为"香印"，是用多种香料制成的，是人们的日常用品。但卖这种"香印"的小贩，不能大呼小喊地叫卖，只能挑着担子，手持小钢锣，一路"喤喤喤"地边敲边走，以此招徕（lái）顾客。为什么？因为宋太祖"赵匡胤"（yìn）三字的读音与"香印"的读音相近，所以"香印"二字不能随便呼叫，卖香印的只能以敲锣代替叫卖。此种习俗，自宋开始，一直沿用了数百年。

只开花不结果的 英

yīng
英

古代的"英"字，是个上下结构的形声字兼会意字。上面的草字头是形符，表示跟草有关；下面的"央"字是声符，读"yāng"。两形合一，指"只开花不结果的花"。

古人为什么用"央"字作为"英"字的声符呢？因为"央"有鲜明的意思，而盛开的花儿一般都是色泽鲜艳，所以"英"字用"央"字作为声符并会意。

"英"字的本义指"花"，如"落英缤纷"。

"英"字由本义假借指"精华"，如"精英"。人们把仔细品味诗文的精华称之为"含英咀华"。

"英"字另一个意思指一种叫黄英的树，后来用以比喻"才智过人"，如才能出众为"英俊"，英雄人物的名字或名声称"英名"，卓越而明智称"英明"，英俊豪迈的气概称"英气"，英俊威武称"英武"，勇敢出众称"英勇"，英俊威武的风姿称"英姿"，"英姿焕发、英姿飒爽"都是这个意思。

"英"字由"才智过人"这层意思，引申指"才智过人的人"，如才智出众的人称"英才"；英雄豪杰称"英豪"，也称"英杰"；英勇刚烈称"英烈"；英雄模范称为"英模"；本领高强，勇武过人的人称"英雄"；受崇敬的人去世后的灵魂称"英灵、英魂"。

"英"字又假借指"英国的"，如英文、英镑、英尺、英里、英吨。

"英"字也作为姓氏用。

小篆 英
隶书 英
楷书 英

"英"雄亮相

中国科举制度实行一千多年,考中状元的究竟有多少?有人作过深入研究,并考查出姓名、籍贯。这一千多年中,实有状元551人,并特别注明,其中不包括武状元和女状元。

却说南宋绍兴年间,临安街头有位测字先生叫周民生。这天,他的测字摊头来了位壮汉,一屁股坐下,差点把他的藤椅压塌。周民生起身问道:"壮士求何事?测何字?"

大汉朗声答道:"在下山东泰安人,姓程名秧苗。俺家世代种田,祖上视秧苗为命根子,故给俺起名为秧苗。俺平日习武,今流落到此,想请教先生,今年殿试,不知我能否考中武状元?"

周民生听罢,仔细打量了一下眼前这位山东大汉。只见他全身透露出一股英武之气,不禁暗暗惊叹。国难当头,这种人不予以鼓励,还待何人?想罢,他提笔写下"秧苗"二字,拆解道:"壮士大名'秧苗',虽是通俗俚语,但暗含个'英'字。'秧'之半,'苗'之半合而为'英'。'英'者,上为草字头,下为'央','央'者即'中央',就是当中。在人群中央出了个草头人,这便是英雄亮相。再说这'央'字,指人在门内,居于屋中。当中的'大'字似站立之人,威风凛凛,而草字头又有艺高荣耀之义。再说这'英'字与'应'同音,此乃应时成强也。凡英雄皆能顺应时势而动,顺应时势造就英雄,此乃时势造英雄也。我看壮士气概不凡,当可成一代英雄。武状元非你莫属!"

这位山东大汉听了,热血沸腾,当即起身,掏出碎银子放桌上拱手道:"谢先生吉言,我当拼搏进取,不负先生厚望。"

周民生将碎银子塞回大汉手中,说:"难得与英雄相识,怎能收钱?依我之见,壮士何不改名程英?'程'与'成'同音,成一代英豪,有何不可?"

大汉双手抱拳,对周民生拜道:"好!程英在此有礼了!"说罢,大踏步而去。

这位程英,据说后来果真成了位武状元。

系帽子的带子——缨

yīng
缨

小篆
缨

隶书
缨

楷书
缨

"缨"字是个左右结构的形声字兼会意字。左边的"绞丝旁"作形符，表示跟丝织品有关。"缨"字的右边是"婴"字，读"yīng"，作声符并会意。

"丝"字与"婴"字组合，指"古代女子帽子上系（jì）在颔下的带子"。因这种带子是丝绸之类织成的，从帽子两边挂下来，扣在下巴颔上，一来使帽子扎紧，不致被风吹落，也起装饰作用。因是用美观的丝绸制作，所以古人用"丝"字作"缨"字的形符。

古人为什么用"婴"字作"缨"字的声符呢？

小篆的"婴"字是个会意字。上面是两个并排的"贝"字，下面是个"女"字，两形合一，指女孩子戴有颈项饰物，诸如项链、项圈之类，多用金银或珍珠、玉石等制成，是戴在脖子上，垂挂胸前的链形首饰。而"缨"是系在颔下的带子，也有装饰的意味，所以古人用"婴"字作"缨"字的声符并会意。

楷书的字形由小篆演变而来，写作"纓"，现简化为"缨"。

"缨"字的本义指"古代女子系在脖子上的帽带。""缨"字由本义引申泛指作装饰的彩带。如清朝官吏所戴的帽子，帽顶上有红缨子故称"缨帽"；长带子或长绳子称"长缨"；长矛上装有红穗子，故又称"红缨枪"；请求杀敌或分配任务称"请缨"。"缨"子由本义引申指"像缨子的东西"，如芥菜和萝卜的叶子像缨子，故称芥菜缨子、萝卜缨子。

"缨"和"请缨"

"缨"字指古代帽子上系在颔下的带子，泛指带子。

有个词叫"请缨"，表示请求杀敌或请求给予任务。

《现代汉语词典》在解释这个词时，摘录了《汉书·终军传》中的一段文字："南越（粤）与汉和亲，乃遣（终）军使南越说其王，欲令入朝，比内诸侯。军自请，愿受长缨，必羁（jī）南越王而致之阙（què）下。"

这段文字，便是"请缨"的出典，是段精彩动人的故事。

故事说的是距今两千一百多年的西汉武帝年间的事。当时在今日山东济南有位少年，姓终名军。终军颇有文才又善雄辩，可谓出口成章，妙语如珠，无人可比。他十八岁就被朝廷看中，选为博士弟子，后又升为谏大夫，深受汉武帝的赏识。

这一年，汉武帝打算派人去南越，跟南越王拉近关系，劝南越王臣服汉朝。当时的南越，就是今日的广东和广西这一带。故南越又称"南粤（yuè）"。南越若归顺汉朝，汉朝将以诸侯国地位同等相待。

终军得知此事，主动向汉武帝提出要求出使南越，并发誓，拿一根绳子把南越王捆起来送到京城。汉武帝答应了他的请求。

终军日夜兼程，终于到了南越，向南越王介绍了汉朝的强大与友善，并分析利弊，说服了南越王，答应归附汉朝。这消息传到京城，汉武帝十分高兴。岂料，没过几天，又传来消息。就在终军说服南越王不久，南越的丞相吕嘉不愿归顺汉朝，他发动政变，杀了南越王，另立新王，并残忍地杀害了汉朝的使臣，年仅二十岁的终军也死于刀下。

终军为汉朝统一大业而死。他所说的"愿受长缨"这句话却流传下来，后来就形成了"请缨"一词。"请缨"中的"请"字表示"请求"，"缨"字就是"长缨"，表示长长的带子，也可理解为长长的绳子。后来"请缨"二字又引申指下级向上级请求任务，主要指请求从军和完成报国重任，如主动请缨、为国请缨。这个词充满爱国和敬业激情，是个有浓郁褒奖色彩的词语。

可供欣赏的樱花

yīng
樱

古代的"樱"字，是个左右结构的形声字兼会意字。左边的木字旁是形符，表示跟树木有关，右边的"婴"字是声符，读"yīng"。两形合一，指"木本植物樱桃果"。

古人为什么用"婴"字作"樱"字的声符呢？因为古代的"婴"字，指妇女戴的用两个连在一起的贝壳做成的项链。而连成一簇的樱桃，如同串珠连成的项链，所以"樱"字用"婴"作声符并会意。

"樱"字的本义指樱桃，这是一种小乔木或落叶灌木，是樱的变种。花是淡红色或白色，果实近于珠形，红色，可以食用。樱花可供欣赏。

樱，也可理解为果树名，也就是我们常说的樱花树。

与"樱"字形相似的字有好几个——

婴，读"yīng"。刚生下不久的小孩，指婴儿。

撄，读"yīng"。本义指"乱"，即纠缠、扰乱。

嘤，读"yīng"。象声字，形容鸟的叫声或人低低的哭泣声。

缨，读"yīng"。指用丝线做的呈穗状的装饰品；也指带子、绳子，如长缨。

瑛，读"yīng"。指像玉一样的石头。

樱 小篆

樱 隶书

樱 楷书

李连"樱"和李莲英

猛看这题目，让人丈二和尚摸不着脑袋。李连樱和李莲英有何相干？若李莲英就是清朝末年慈禧太后身边的大太监，那这李连樱又是谁？说来有段离奇而有趣的故事。

却说清朝光绪年间，北京皇城附近一家大杂院里发生了一桩怪事。这院里长着一棵又高又大的李树，已有近百年的树龄了，院子里的人常在树下乘凉聊天。离这李树几十步远的墙角，长着一棵樱树。这两棵树高矮不一，大小不同，互不相干，但不知怎的，这大李树上的枝丫一天天跟樱树靠近，不久，这两棵树的枝丫竟相互交错在一起，枝丫和枝杈相互缠绕，竟分不出哪是李树的枝，哪是樱树的杈了。两棵树成了一棵树，人们把这称为"李连樱"。

这事儿在京城传开了，人们纷纷赶来看稀奇。人们看着，议论着，都认为这是不祥之兆。有人主张把樱树砍掉，使李树不受伤害，否则，对京城不利，就连大清江山也难保平安。

为什么会有这番议论呢？原来，人们想到了垂帘听政的老佛爷身边，有个大太监名叫李莲英。这李莲英借助慈禧太后的威势，成了不可一世的大宦官，人们痛恨他，于是借这"李连樱"来发泄对李莲英的愤恨。

从字面上讲，"连"与"莲"同音，"樱"与"英"同音，人们借助同音字来搞点文字游戏，以泄心头怨恨，也是很有创意、很有趣味的。

yīng

鹦

金文

小篆

鸚
隶书

鹦
楷书

模仿人说话的鹦鹉

"鹦"字是个左右结构的形声兼会意字。左边是"婴"儿的"婴",表示读音。右边是"鸟",表示这个字与"鸟"有关。其本义是指"鸟儿鹦鹉"。鹦鹉学舌,尽人皆知。

与任何形声字一样,我们不可简单地对待声符。在这儿,我们得好好研究一下声旁"婴"字,才能明白古人为何用"婴"字作"鹦"字的声符。

古代的"婴"字,是个会意字。上面两个"贝"字,表示妇女把贝壳串起来戴在脖子上当装饰品。本义是"颈子上的装饰物",后来引申为指"初生的女孩",又扩展到泛指"初生的幼儿"。

为什么用初生婴儿的"婴"字来作"鹦"字的声符呢?

我们知道,鹦鹉是种有奇特本领的鸟,俗称鹦哥。它的嘴是弯钩形,羽毛美丽,有白、红、黑、绿等颜色。它的舌头圆而柔软,能模仿人说话的声音。

鸟儿说人话,肯定不太准确,如幼儿牙牙学语,而且这事十分可爱有趣,无论从事实上还是从情趣上,用"婴"字来充当"鹦"字的声符那是再恰当不过的了。

唐·怀素《秋兴八首》

《草书韵辨》

"鹦"鹉飞不远

清朝道光年间,上海有个叫沈衡章的人,善于测字,远近闻名。

有一天,一个罪犯越狱逃跑了,捕役到处抓不到他,就向沈衡章请教。

沈衡章叫捕役拈一个字。捕役拈到了一个"鹦"字。

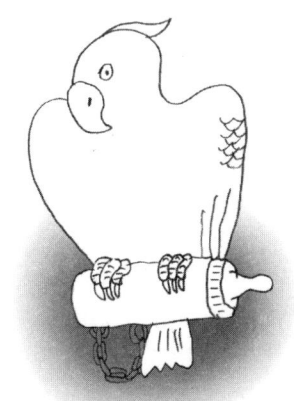

沈衡章说:"鹦鹉虽然是一种能说会道又会飞的鸟,但翅膀退化了,飞不远。再说'鹦'字拆开是'鸟'和'婴'。从字面上看,婴儿时期的鸟,羽毛未丰,想飞也飞不远,所以这个逃犯一定就在附近。你们别往远处找,就在他住处附近找。"

依照沈衡章所说,捕役们果然在罪犯家附近一家客栈里抓住了他。

罪犯抓到了,好像应该归功于测字先生测准了字。其实,这与测字有什么关系呢?捕役正巧选中了"鹦"字,测字先生才说出这番话来。如若拣了个别的字,同样也会说出与案件有关的话来,这就是测字先生的本领。

看来,测字先生最大的本领,是因为他们有一定的社会阅历,懂得不少生活常识和科学知识,他们借助于测字,也能对发生的事说出一些道理来。依他对案情的分析,他认为罪犯跑不远,就说鹦鹉羽毛未丰,想飞也飞不远,这一推理,正巧被他说准了,这个故事也就神奇了。

人在屋内驯鸟——鹰

yīng
鹰

金文
小篆
隶书
楷书

甲骨文、金文和小篆的"鹰"字,最早时都写作"雁",读"yīng"。这是个会意字。外面的"广"字指山崖下的房子。房子里有个"单人旁"指一个人的侧影。单人旁右边是个"隹"字,读"zhuī",指"鸟"。人的胸前臂腋间架着猎鹰,表示正在驯练猎鹰之义。

后来小篆的字形有所变化,在"雁"字下面加了个义符"鸟"字,成了个左上包围结构的形声字兼会意字。下面的"鸟"字作形符,表示跟鸟类有关。右上方的"雁"(yīng),作声符并会意。

因鹰属鸟类,所以用"鸟"字作形符。古人之所以用"雁"字作"鹰"字的声符,因为这个"雁"字就是"鹰"字的本字,是最早的"鹰"字。所以古人以"雁"字作"鹰"字的声符并会意。

楷书的字形由小篆演变而来,写作"鷹",后简化为"鹰"。

"鹰"字的本义指"嘴弯曲锐利,四趾有勾爪,专捕食小兽或其它鸟类的猛禽",这猛禽便是"老鹰",也称之为"苍鹰""猎鹰"。常用的词有鹰爪、鹰犬、雀鹰、雄鹰、鱼鹰、夜鹰等。

"鹰"盗樱桃

这里讲个跟"鹰"字相关的谐音故事。

民国年间,在江苏江阴南闸镇,有间南北货店,是由徐玉立和徐阿华两堂兄弟开的。为了采购货源,他俩天南海北,到处闯荡。近年来,他俩经常到东北大兴安岭转悠,为的是采购大批人参和中草药,特别是鹿茸,要到深山老林中的山民家里才能买到真正的好货。

这兄弟俩跟他们的祖先有所不同。他俩一半做生意,一半游山玩水,了解风俗民情,而且一路吟诗作对,享受大自然的美景。

这天,兄弟俩跟随猎户李大爷进山购鹿茸。他们来到一家梅花鹿养殖场,只见一大群鹿东奔西跑,十分活跃。其中有几头鹿在绿豆田里吃绿豆苗。阿华惊叫道:"鹿在吃绿豆。"主人听了不当回事,任由它们吃。因为这是割剩下的,就是留给幼鹿吃的。徐玉立听了,把这当作上联记下了。他归纳成十一个字:

<blockquote>绿豆田中鹿跳出,鹿偷绿豆。</blockquote>

这上联利用"绿""鹿"和"偷""豆"两组谐音,写出了眼前这有趣现象。徐玉立很得意,把这上联告诉阿华。阿华忙于谈生意,也没放心上。待谈完生意往回走时,想起续下联的事,两人难住了,一路念叨着"鹿偷绿豆"的句子,弄得跟随在后的李大爷莫名其妙。

快要回一屯子里时,忽听头上一声呼啸,一只老鹰从远处飞来,在他们头顶盘旋,李大爷打个呼哨,扬起手臂,那只猎鹰乖乖地落在他手臂上。原来,这是李大爷心爱的猎鹰,它在欢迎主人回来呢。兄弟俩见了,啧啧称奇,忽地猎鹰展翅飞去,从远处一棵樱桃树上飞过,叼了一颗樱桃飞走了。兄弟俩见了,几乎同时叫起来:"哈!下联有了。"

<blockquote>樱桃树上鹰飞过,鹰盗樱桃。</blockquote>

这下联"樱""鹰"和"盗""桃"两组谐音,正巧与上联相对仗啊。

相对着走来——迎

yíng
迎

金文
小篆
迎 隶书
迎 楷书

要说"迎"字，先得从"逆"字谈起。古代的"屰"字读"nì"，本义是"不顺"。后来"屰"作了偏旁，古人另加"走之旁"写成"逆"。本义为"迎接"。因为迎接要逆行，对着来的人迎上去。

因为"逆"字借作它用，表示"叛逆""抵触""违背"之义，古人就另造"迎"字表示"迎接"。

小篆的"迎"字是个左下包围结构的形声字兼会意字。左下方的"走之旁"是"辶"，这个字读"chuò"，指在大街上行走。作形符，表示跟行走有关。右上方的"卬"字读"yǎng"，作声符并会意。

"卬"字和"走之旁"组合，指"相对着走过来"。因是指两人相对着走过来，所以古人用"走之旁"作形符。

古人为什么用"卬"字作"迎"字的声符呢？

这里有两种解读。小篆的"卬"字是个会意字，左边是个"人"字形，右边的"卩"字读"jié"，像个跪坐着的人。这两个字形组合，表示"翘首仰望"之义，隶变后的楷书写作"仰"，这"卬"是"仰"字的本字，是最早的"仰"字。本义为"翘首仰望"，有"敬仰"之义。

也有人认为，"卬"有"向"的意思。而者相遇，也是彼此相向，所以古人用"卬"字作"迎"字的声符。

楷书字形由小篆演变而来，写作"迎"。

迎字的本义指"向着、对着"。如迎面、迎战。"迎"字也表示"迎接"，如欢迎、迎宾、迎春、迎合、迎接、迎侯、迎亲、迎刃而解、迎头赶上、失迎、迎头痛击、曲意逢迎。

"迎"头赶上

民国年间，南京夫子庙文德桥头摆测字摊的胡铁嘴和大石坝街茶叶店老板徐文才是好友。徐文才有位表妹林素芳，婚姻大事因高不成低不就，转眼成了老姑娘了。徐文才跟着焦急，就请胡铁嘴借测字之机对她加以开导。胡铁嘴做这类事是行家里手，一口答应。

胡铁嘴虽年近古稀，但阅人无数，善与人沟通。他跟林素芳见面没谈几句，便找到了共同话题。胡铁嘴先感叹自己的孙女，已老大不小了，还待字闺中，胡铁嘴责怪她心界太高、高又不成，低又不就，就一等再等，等到如今。几句话，拉近了跟林素芳的距离。林素芳叹口气道："唉，我也是耽搁在这'等'字上。老先生你就给我测个'等'字吧。"

胡铁嘴提笔写了个"等"字说："上面竹字头，含有竹子长得整齐之义，两者相合，谓之平等。何时平等，你要耐心等待。等到何时？遥遥无期。于是一等再等，就像世间竹子，永远长不齐。有些事是不能痴等的。"

林素芳似有所悟，说："我不测'等'字，另测个字吧。"胡铁嘴递过字袋说："你随手拣个字吧。"

林素芳摸出个"迎"字。胡铁嘴边写"迎"字，边说道："无从人愿呀。你不愿意再等了，就摸到个'迎'字。这'迎'字是走之旁加'卬'（yǎng）字，加单人旁即人脸向上，是敬仰、仰慕之仰。一路走去，碰到自己仰慕之人，就急忙迎上去，这是人之常情，也是人之常态。仰有抬头仰首之状，这样看得远、看得清、看得多，看到的人多了，自然会碰到意中人了。"

林素芳疑惑道："婚姻不是讲缘份么？"

胡铁嘴道："是呀，'缘'字左有绞丝旁，人与人有千丝万缕联系，想要红线牵，你得迎上前呀。"

林素芳道："我到如今没找到啊。"

胡铁嘴道："你没有迎上前去找，而是一味等待。你现在就改成'迎'字吧。现在迎头赶上还来得及。你没看到么，这'迎'字里有个'卬'字，跟你心心相印的人正等着你呢。"

一字一世界

物多充满器皿——盈

yíng
盈

甲骨文
金文
小篆
隶书
楷书

小篆的"盈"字是个上下结构的形声字兼会意字。下面的"皿"字读"mǐn",作形符。

甲骨文的"皿"字是个象形字,字形像带底座的碗碟盆盘一类饮食器具,本义指"碗碟盆盘的饮食器具",这里指盛物体的器具。"盈"字的上部是"夃",读"yíng",作声符并会意。

"夃"字与"皿"字组合,指"物多充满整个器皿"。

因是指"物多充满整个器皿",这与盛物体的器皿有关,所以古人用"皿"字作"盈"字的形符。

古人为什么用"夃"字作"盈"字的声符呢?

小篆的"夃"字是个会意字。字形的外框像女子乳房的形状,里面的"又"字读"zhǐ",这是个象形字,像一只朝下的右脚,表示到来,在这儿指"流动",表示女子奶水充盈,多得自动流出来,即俗话说的"奶惊了"。古人用奶水多来表示充满之义,这与器皿里装满东西是一致的,所以古人用"夃"字作"盈"字的声符并会意。

楷书的字形由小篆演变而来,写作"盈"。

"盈"字的本义指"充满",如充满、肌肉丰满称"充盈";身体丰满或富裕称"丰盈";"车马盈门"指车马挤满了门口、形容客人多、气势盛。"恶贯满盈"指罪恶极多,如同穿钱一般,已穿满一条绳子。"盈"字由本义引申指"有余,多出来的部分",如有余、多余称"盈余";月亮的圆和缺,或指赚钱或赔本称"盈亏";赚了钱获利称"盈利"或"赢利"。

"盈"和"恶贯满盈"

"盈"字指充满,也指多出来、多余,如恶贯满盈。这一成语指作恶极多,已到末日。说起它的出典,有段历史故事。

"纣"是商朝末代君主。他原名帝辛,"纣"是后世加给他的恶号。

纣王是个极端残暴的国王。他自以为有天命在身,对内残酷压榨百姓,对外黩武好战。他纵情酒色,滥施淫威。为人刚愎自用,喜怒无常,残害忠良。他为满足自己的穷奢极欲,大兴土木,在国都朝歌,即今日河南湛县一带,营造离宫别馆,兴建高大的鹿台和范围极广的林宛,供自己娱乐。在宫殿里收集狗马奇物,"以酒为池,悬肉为林",日夜与宠爱的妃子妲己及讨好他的大臣们吃喝玩乐。凡对他的倒行逆施提出忠告的人,都滥施酷刑,折磨至死,就连他的亲叔叔比干,因劝说他修善行仁,竟被他活活地剖腹验心,看看他究竟怀的是好心还是坏心。有一次,他与妲己在鹿台上观赏风景,见一孕妇从台下走过,因与妲己打赌,孕妇腹中是男孩还是女孩,他竟派武士立即去剖开孕妇的肚子,看个究竟……

纣王的暴行,引起民众反抗。周武王联合各部族反商势力,发兵声讨,在牧野会战中,商兵阵前起义,终于将纣王打败,逼得他爬上鹿台,纵火自焚。

周武王在伐纣逼近朝歌时,曾发布誓师宣言,这便是《泰誓》,其中有一句:"商罪贯盈,天命诛之。"对这句话,古代有不少学者作过注解。有人解释为:"纣王为恶,一以贯之,恶贯已满,天毕其命。"有的解释为:"纣王为恶,如物在绳索之贯,一以贯之,其恶贯已满矣。物极必反,天下欲毕其命。"这些解释,大致相同,都是历数纣王之恶,种种罪行,累积得数不胜数,好似把物件一个个地串在绳索上一样,已经满一贯了。意为纣王作恶多端,死到临头了。这里的"贯",就是"串",既作动词,也作名词。古人将钱串满一串即为一贯。"盈",就是"满"。积满了称为"贯盈",这是"恶贯满盈"的简称,也是它的前身。后人将"贯盈"扩充成"恶贯满盈"。

经商获取余利——赢

yíng
赢

小篆的"赢"字是个形声兼会意字。以"贝"作形符,"𦌏"作声符,读"luó"。当中的"貝"简化为"贝"。在这儿,"贝"字表示这个字与金钱货币有关。它的本义是指通过经商做生意所赚的钱,或称作"余利、利润"。也就是我们常说的赢利或叫作盈利。

古人为什么用"𦌏"作"赢"字的声符呢?因为古代的"𦌏"字指的是一种多肉的兽(见金文字体)。这种兽类的特点是浑身是肉,可惜没留下具体名称或形象。正因为这种兽多肉,古人就用它有"多余"这一点,来作"赢"字的声符兼表意。

"赢"字表示多赚了钱。因为赚了钱,有了余利,所以"赢"引申为有余的意思,如赢余,也称作盈余。

既然有了余利,也便有了得到、获得、博得、取得的意思,如赢得时间、赢得大家的信任。

得到、获得余利,表示这笔生意做得很成功。由成功又引申为"胜利",所以"赢"又有"胜"的意思,与"输"相对,如这场球赛中国队赢了。

赢 金文

赢 小篆

赢 隶书

赢 楷书

《古法帖》

宋·苏轼《赤壁赋》

和"赢"钱的老板说赢字

温州人善于经商,他们分布在全国各地乃至世界各地,辛辛苦苦做生意,大把大把地赚钞票。

三十刚出头的温州小伙周其良,就靠经营不起眼的针头线脑,也聚积起千万家产,当了大老板。

这天,周其良请外地来的客户吃饭,饭后搓了几圈麻将。临了,周其良又是赢家。几位客户不服,说:"我们本想串起来赢你,怎么反而输了呢?"

周老板眯着眼,笑着说:"那就怪你们对这'赢'字缺乏研究!"

几位客户伸长头颈说:"请你指教。"

周老板用手指沾了茶水,在桌上写了个大大的"赢"字说:"这'赢'字,包括五个字,它表示五个态度,缺一不可。上面这'亡'字,表示要有危机意识,要随时看到危险,随时了解行情,采取应变措施,把握局势。这当中'口'字,表示沟通,要用嘴去宣传自己,广交朋友。下面'月'字,表示需要时间积累,要经得起时间考验,不要做一笔头生意,要长久交往。中间这'贝'字表示要有一定的资本,不能空手套白狼,做无本买卖。右边这'凡'字,表示要有平常心,有饭大家吃,不要太心黑。"

一席话,说得客户们一个个点头称是。

成熟稻穗的末端——颖

yǐng
颖

"颖"字是个右上包围结构的形声字兼会意字。左下方的"禾"字作形符，表示跟稻禾庄稼有关。右上方是"顷"字，读"qǐng"，作声符并会意。

"顷"字与"禾"字组合，指"成熟稻禾穗子的末端"。

"禾"字指稻禾，因禾谷成熟时其穗子低垂，"颖"字是指穗子末端，跟"禾"字有关，所以古人用"禾"字作"颖"字的形符。

古人为什么用"顷"字作"颖"字的声符呢？

小篆的"顷"字由"页"字和"匕"字组成。"页"字表示人的头部。"匕"字读"bǐ"，表示人的头歪斜。"顷"字由人头歪斜引申指"倾斜"。因人头歪斜是顷刻之间的事，所以"顷"字表示时间短。为了分化字义，古人就另造了个"倾"字表示人头歪斜，而"顷"字专门表示时间短。从这个意义上讲，"顷"字是"倾"字的本字，是最早的"倾"字。"顷"有头不正之义，而穗子低垂也有"不正"的意味，所以古人用"顷"字作"颖"字的声声符并会意。

楷书的字形由小篆演变而来，写作"颖"。

"颖"字的本义指"禾"的末端，某些禾本科植物如稻、麦籽实带芒的外壳称"颖果"，也指某些小而细长东西的尖端，如"短颖羊毛笔"。

"颖"字也指聪明、悟性强，如聪明过人称"颖异"，也称"聪颖"；少年聪明称"颖慧"；人的才能一下子显露出来称"脱颖而出"。

拆解"颖"字选人才

民国年间，南京夫子庙文德桥测字大师胡铁嘴，凭借他的学识和人品，受人尊重。这天，万和面粉厂吴老板把胡铁嘴请到厂里，在会客室坐下，请他帮忙考察一个人，看能否重用。此人叫夏颖，但吴老板吃不准，请胡铁嘴来掌掌眼，作个定夺。他找个借口，把夏颖请到会客室谈事儿，让胡铁嘴从旁观察，有个印象。待夏颖走后，胡铁嘴说："我以字说事。说吧，拆解个什么字？"

吴老板拿出已写好的"颖"字说："就测他名字。"

胡铁嘴接过纸，深思一番说："这'颖'字拆开是由'匕'(bǐ)'禾''页'三字组成。'匕'与'页'组合为'顷'，一顷相当于百亩，加'禾'字乃是百为庄稼，正是你吴老板家万亩麦田啊。'颖'字有聪慧机灵之义，故有脱颖而出之说。刚刚进来的那小伙子高大英俊，人显得很干练，从面相上看，有将才之相，这与百亩良田的'顷'字是相吻合的。"

吴老板听了，点头称是。胡铁嘴又分析道："'颖'字左有'禾'字，显和气生财之相；右有'页'字，与'真'字相似，故有较真、认真之义。当然，做事认真是好事，但过于较真则有刚烈不屈、难以通融之义，因此也容易倾倒，故'颖'字本反映稻麦带芒的外壳，此人顶真不让人，大有针尖对麦芒之势，恐与人相处会树敌过多。好在他也懂得和气生财之道，看上去面无恶相，日后他会慢慢明白自己的弱点，也会逐渐改正的。"

吴老板问："此人还有什么不足呢？"

胡铁嘴道："'颖'字上有匕首，这就叫头上悬刀，在所不惜。此人刚烈忠心，阁下用好了，是个可托重任的人。但此人难以驾驭，唯有以诚相待，疑人不用，用人不疑，阁下放手任用，他自不会亏待你。"

吴老板又追问："先生还有什么建议？"

胡铁嘴道："'颖'字左有'禾'字，逞半片秋色；右边'页'字，显夏日当头。春种秋收夏日苦，你晓得他的辛苦，莫忘他的报酬这就足够啦。"

一字一世界

日光被遮挡成阴影

yǐng
影

金文
小篆
隶书
楷书

　　古代的"影"字，是个左右结构的形声兼会意字。以"景"和"彡"作形符，"景"兼声符。古代的"景"字是个形声字，上面的"日"字，表示与太阳有关，指"日光"。"京"作读音，其本义指"日光"。在"影"字中，它除表读音外，也兼表义，指"日光"。

　　"彡"与画饰有关，特指图像。也有人认为，"彡"为月光被挡形成的阴影，其中含有图像的意思。

　　"彡"与"景"组合，本义指"物体或人因挡住了光线而形成的阴影"，如影子、倒影、泡影、人影、身影、踪影、无影灯、杯弓蛇影、捕风捉影、刀光剑影。

　　"影"由本义引申指"照片、画像"，如影集、背影、侧影、合影、幻影、摄影、留影、显影、摄影器材。

　　"影"，假借指"描摹、摹写"，如影宋本。

　　"影"又引申指电影的简称及相关词汇，如影片、影剧院、影后、影迷、影评、影视、影展。

唐·褚遂良《雁塔圣教序》

宋·米芾《三希堂法帖》

天气预报成字谜——影

全国文代会期间,各地推选出来的作家、艺术家齐聚北京,举行盛会。

北京饭店,住了几百名来自东北和西北的老作家。汪海洋和胡冠权住在一个房间里。这天一大早,两人一起床就看电视。看完新闻,听天气预报。预报员说道:"昨天日全食。明天首都晴,风向东北,风力三级。"

听到这儿,汪海洋飞快地把这几句话记下来。老胡奇怪地问:"咋啦,还怕忘了不成?"

汪海洋喜滋滋地说:"看哪,两个好字谜!"

老胡早就听说汪海洋是楹联和制谜专家,著作颇丰,但还没领教过他的这项本领。人家一句话,他就能挖出两个字谜来,他连忙请教:"说来听听,让我长长见识。"

汪海洋沉醉其中,心不在焉地说:"我还没摸出头绪来,现在先吃早饭去开会,待我细细琢磨,晚上再告诉你。"

在晚饭桌上,老胡就迫不及待地问汪海洋,那句话是哪两个字。这下,又引起同桌几位文人的兴趣,大家把这句天气预报抄下来,一个个琢磨开了,连饭也忘了吃。

终于,河北诗人田野猜出一个:"'昨天日全食',就是说'昨天'的'昨'字中的'日'字全被吃掉了,只剩下个'乍'字,对不?"汪海洋举起大拇指:"高!我收你做研究生!"

话音刚落,京剧名角马长久字正腔圆地说:"这后一句中,'明天'二字不起作用。'首都晴'三个字,指的是'景'字。喏,'首都'为'京'。'晴'为'日',组合成'景'。'风向东北',按上北下南,左东右西来区分,指的是'景'字的右半边;'风力三级',应该是三撇,合起来是个'影'字,如何?"

汪海洋听罢,站起来,对马长久深深一拜:"马爷,我拜你为师!"他这一派做作,引得众人哈哈大笑。

阳光照射显形象——映

"映"字是个左右结构的形声字兼会意字。左边的"日"字作形符，表示跟太阳有关。"映"字右边的"央"字读"yāng"，作声符并会意。

"日"字与"央"字组合，指"因受阳光照射而显出物体的形象"。因是指阳光照射，这跟"日"字有关，所以古人用"日"字作"映"字的形符。

古人为什么用"央"字作"映"字的声符呢？

因"央"字有个重要的义项，就是表示中央，指当中的、核心的部位。由日光照射而显出物体的形象，必使物体与日光两相对应，这也就是指物于日光之中的意思。表示物体形象必在日光中显现，所以古人用"央"字作"映"字的声符并会意。

楷书的字形由小篆演变而来，写作"映"。映字的本义指"照耀"，照射、映射称"映照"。"映"字由本义引申指"因受光线照射而现出物体形象"，如放映、反映、上映、试映等词。

"映"字由本义引申指"照"，如照射。映射称"映照"，衬托、映照称"衬映"，照耀、映衬称"辉映"，彼此衬托称"相映"，彼此遮掩相互衬托称"掩映"。

雪"映"白梅梅映雪

苏东坡是北宋年间的大政治家、文学家、书画家。他是眉州眉山人，即今日四川眉山人。

有关苏东坡从政为民、著书立说、吟诗作对、猜拳行令、制作美食乃至说笑逗乐的故事，那真是数不胜数，为人们所津津乐道。

讲苏东坡的故事，总离不开几位配角，如苏小妹、秦少游，还有那憨厚而又机智的佛印大和尚。这两人在一起，如同说相声中的捧哏与逗哏，一唱一和，妙趣横生，让人受益，又充满艺术魅力，给你带来艺术享受。

却说苏东坡在杭州任职时，一个雪后放晴的早晨，苏东坡与佛印和尚到西湖边踏雪赏梅。

两人到得一片竹林旁，但见成片的竹子在一阵阵寒风中上下翻飞，左右摇晃。而竹林矮墙下却一片宁静。在雪地里，几枝白梅盛开，雪映白梅，更显洁白可爱。

苏东坡见此情景，吟道：

雪里白梅，雪映白梅梅映雪。

吟罢，苏东坡扭头对佛印和尚："大和尚，还愣着干什么呀？往下续呀！"

这上联是个回文叠字巧联。十二个字中有四个字重复用，把雪映梅、梅映雪的景色写得活灵活现。

佛印大和尚也是作对联的高手。他略一沉思，对出了下联：

风中绿竹，风翻绿竹竹翻风。

这下联与上联一一对仗。其中"绿"字，增添了一株绿色，白里透绿，鲜艳夺目。一个"翻"字，与"映"字相对应。绿竹在风中翻滚，充满了动感，而"映"字虽为动词，而在这儿却是寂静无声，仅仅是映衬而已，白梅映衬白雪，更显得宁静洁白了。

一字一世界

水边飞的鸟儿——雍

小篆的"雍"字,是个左右结构的形声兼会意字,字形跟楷书相似。它由"邕"和"隹"组合。"邕"是声符,"隹"字像鸟,读"zhuī",指短尾巴鸟。凡与"隹"相连的字,大都与鸟有关。在这儿是形符,表示"雝"字也跟"鸟"有关。后来字形变化,简写为"雍"。

"邕",读"yōng",本是水的名称,邕江,在今广西,流经南宁,所以也是南宁的别称。在"雝"字中,它表示四面被水围着的高地,正因为有水,所以鸟儿多。正因为有鸟儿,所以成了人们练习射箭的地方。古人很重视射箭,为了练习射鸟,人们往往在这水中有高地的地方建立学宫,也就是学校。有人认为,"雍"的本义指"学宫"。

也有人认为,"雍"字的来历,并没有这么复杂,它就是个形声字,本义指的是水边的一种鸟儿,这种鸟一边飞一边鸣叫。说得再具体些,就是邕江边的鸟儿。

因为鸟儿的叫声婉转动听,所以"雍"转义为和谐之意。

"雍容"用来形容文雅大方、从容不迫的样子,如雍容华贵、态度雍容。

"雍和宫"是北京城的一座古宫殿。

"雍正"是清朝世宗皇帝的年号。

"雍"正去首

汉字是中华文明之母,它是世界上最古老、最发达、最丰富、最精美、最深奥的文字之一。它博大精深,人们对它顶礼膜拜,将它看得无比神圣。

人们敬仰汉字,但这并不意味着一个人就不能写错汉字。在中国古今历史上,曾多次发生过因写错字而遭殃的,轻则革职查办,关进大牢;重则充军处死;更有甚者,因一个字触犯了皇权,遭五马分尸,满门抄斩。这就是"文字狱"。

清朝是中国"文字狱"最严重的时期。清朝是少数民族满族统治着人数众多的汉族的王朝。统治者怕汉人反抗,实行高压恐怖政策,对皇权不能有一点儿触犯。

据史书记载,雍正年间,江西主考官查嗣庭在乡试中出了个试题为"维民所止",这是古书《大学》中的一句话。本是件很平常的事,可有人向皇帝告密,说这四个字恶毒,攻击皇上。四字中的"维"与"止",是"雍"与"正"的下身,这明明是将"雍正"二字砍去了头,暗含"雍正无首"的意思,实属大逆不道。

雍正皇帝一听,勃然大怒,认为查嗣庭是有意影射他。他下令捉拿逆臣查嗣庭。

可怜查老头,尚未监考完毕,就被关进大牢。他有冤无处申,气绝而亡。京城的雍正皇帝,听说查嗣庭死了,觉得太便宜了他,下令将他的尸首砍头示众,又将他的长子砍头,全家发配充军,方解了心头之恨。

yǒng
永

甲骨文

金文

小篆

永 隶书

永 楷书

长流不断的水——永

甲骨文的"永"字由"人"和双人旁"彳"及"水"组成,这是个会意字。双人旁"彳"表示行走。人在水中行走,即人在水中游泳,按这个意思分析,"永"的本义指"游泳",它应该是"泳"字的本字。后来为了与永远的"永"相区别,另外加了三点水,造了个"泳"字,用于游泳之"泳"。

也有人认为,甲骨文的"永"字是象形兼会意字,其字形像长长的流水,指水长流不断。

金文的"永"字由甲骨文演变而来。小篆的字形与金文相似,都有水流不断的样子,本义指"水长流不断"。

"永",由水长流不断的意思,引申指"长久、久远",如永恒、永远、永别、永诀、永乐、永生、永世、永世不忘、一劳永逸、永垂不朽、永葆青春。

"永",也是一个姓氏。

汉《乙瑛碑》

东晋·王羲之《兰亭序》

唐·欧阳询

唐·怀素《自叙帖》

一滴水悟出"永"字八法

在中国书法史上,有两位大书法家,一位叫王羲之,一位叫王献之,他们是父子俩,都是东晋时代人。父亲王羲之出身贵族,官至右将军,人称"王右军"。他博采众长,精研体势,推陈出新,形成自己独特的字体,为世人所崇尚,对后世影响极大。他的儿子王献之,除了保持其父的风格外,还有所发展。他与其父齐名,并称"二王"。

中国书法论著中,有一本《永字八法》,它以"永"字八笔为例,阐述正楷点画用笔的方法。这套理论是谁创立的,现在已搞不清了。据专家考证,有三种可能:一种可能是张旭创立的,还有种可能是知永和尚创立的,第三种可能是王羲之创立的。

在民间传说中,还有一种说法,是王献之创立的。

却说王羲之去世后,他的第七个儿子王献之,继承父业,钻研书法理论。他边写边思考,简直入了迷。真是日有所思,夜有所梦。这天晚上,王献之梦见父亲骑着心爱的大白鹅,徐徐飞上半空。他急忙追上去,大声问:"父亲,你走了给我留下什么啊?"

王羲之俯下身子,大声回答:"儿啊,留汝一滴水,得之垂千古。"说罢驾鹅西去。

王献之一觉醒来,回味梦中父亲留言,上面的一点,加上下面的"水"字,不是"永"字么?猛地悟出"一滴水"的含义。这"一滴水"就是个"永"字啊。他受父亲梦中留言的启发,把自己多年研究的书法理论,集中体现在"永"字上,创造出书法要则"永字八法"。

这一说可信乎?还有劳专家们去考证呢。

古代殉葬的陶偶——俑

"俑"字是个左右结构的形声字兼会意字。左边的"单人旁"是形符，表示跟人有关。"俑"字右边的"甬"字读"yǒng"，作声符并会意。

"甬"字与"单人旁"组合，指"古代殉葬的木偶或陶偶"。因是指木偶和陶偶，这些木雕或泥塑的人像，与真人相似，跟人有关，所以古人用"人"字作"俑"字的形符。

古人为什么用"甬"字作"俑"字的声符呢？

古代的"甬"字是个象形字。有人认为这是古代的一种钟，本义为"乐钟"，敲起来声音优美。有人认为，"甬"字是表示花草树木茂盛。此说有许多字作例证。正因为"甬"字有茂盛、强盛之义，所以才写作"勇"字。还有水流汹涌及跳跃"踊跃"中的"甬"字，这些字无不显示出强盛的活力。远古时代，帝王死后用活人陪葬，后改为用木偶及陶偶陪葬。这些偶人都制作得栩栩如生，生动活泼。为了显示这些偶人好像还充满活力，所以古人用"甬"字作"俑"字的声符并会意。今日秦始皇兵马俑之所以成为艺术精品，跟这些兵马俑制作得充满活力有关。

楷书的字形由小篆演变而来，写作"俑"。

此说当为一家之言，但颇有见解。

"俑"字的本义指"古代用来殉葬的木偶或陶偶"，如陶俑、女俑、泥俑、秦俑、兵马俑。

"始作俑者，其无后乎！"这句话是春秋时期的孔子说的。

孔子是反对用俑殉葬的，他说这话的意思是：开始用俑殉葬的人，他大概没有后代了吧！这是句骂人的话，表现了他极度的愤怒。后来此话泛指恶劣风气的创始者，这就是"始作俑者"。

"始作俑者"究竟是谁

"俑"字是个名词，指古代殉葬的偶像。这种偶像是用木偶或陶土制作的。成语"始作俑者"，指当初发明用俑殉葬的人，比喻首开恶劣风气的人。最早见之于《孟子·梁惠王上》："仲尼曰：'始作俑者，其无后乎！'"

孔子是坚决反对以俑作殉葬品的。他说这句话的意思是："最早发明用俑作殉葬品的人，大概没有后代吧！"他是怀着激愤的心情说出这句恶话来，大有咒骂这种人该绝子绝孙的意思。后来就把这句话比作首开恶例的人。

这里所说的"俑"，就是木料或陶土制成的跟人相似的陪葬品，大家最熟悉的俑，就是秦始皇兵马俑了。

"俑"是古代最重要的陪葬品，早在春秋战国时就有了，但秦始皇并不是"始作俑者"。那么，究竟谁是第一个制作或由他主使制作俑的人呢？不少人作过考证。清代有位学者名叫俞樾，他根据《丧服要记》一书记载："鲁哀公葬父，孔子问曰：'宁设桐人乎？'哀公曰：'桐人起于虞卿。虞卿，齐人，遇恶继母不得养，父死不得葬。知有过，故作桐人。吾父生得供养，何用桐人为？'"

这就是说，鲁哀公说过，虞卿制作过桐人，也就是木制作的俑。俞樾就认为虞卿是始作俑者。那么虞卿是何人？可能是古周时期分封在齐国的贵族，最早不超过西周，他可能是第一个制作桐人的人，但不一定是第一个制作俑的人。

专家们从历史文献和考古资料分析，我国早期帝王陪葬的是真人，这就是殉葬，拿活人陪死者。到春秋战国时期，社会文明进步了，才取消了这一残酷的做法。公元前384年，秦献公第一个下令废除了殉葬制度，从此就用俑来代替人随葬。有考古资料证明，在殉葬制度存在时，俑就出现了。最早的随葬俑出土于安阳殷商时期的帝王墓室中。随葬俑是一种被捆绑的奴隶形象，这是目前所能看到的最早的俑。由此看来，我国真正的始作俑者，不应该是传说中的虞卿，而是商朝那些制造木头人的能工巧匠。

力量充实有勇气

yǒng 勇

古代的"勇"字写作"恿"，这是个上下结构的形声兼会意字。下面的"心"字是形符，表示跟心理活动有关。上面的"甬"是声符，读"yǒng"，表示突出，心气十足。

小篆的"勇"字有所变化，写作"勇"，这仍然是个上下结构的形声字兼会意字。下面的声符"心"字改成了"力"字，表示力量充足。上面的"甬"字是声符。这两个字形组合在一起，指"气势旺盛，奋力往前"。隶变后，楷书的"勇"写作"恿"和"勇"。如今规范化写作"勇"。

古人为什么用"甬"字作"勇"的声符呢？因为"甬"字除了有点"突出"的含义，还有"草木花朵茂盛"的意思。而"勇"字就有气势旺盛的含义，所以古人用"甬"字作"勇"字的声符并会意。

"勇"字的本义指"有胆量、有力量、凶猛、敢于"，如勇敢、勇猛、勇士、勇武、神勇、骁勇、义勇、英勇、忠勇、勇往直前。

"勇"字由本义引申指"不推诿、不畏避"，如敢作敢为毫不畏惧的气魄称"勇气"；在困难面前不退缩、不推诿称"勇于"，如勇于负责、勇于承认错误。奋勇、见义勇为、自告奋勇都是这个意思。

清朝年间，政府在战争时期临时招募的兵卒称"勇"，泛指"士兵"，如散兵游勇。

"勇"也作姓氏用。

金文 勇
小篆 勇
隶书 勇
楷书 勇

痛改前非需出力——勇

苏北阜宁县有个张吴村，村里有个小伙子叫张大勇，他被几个同乡拖下水，赌钱输了当小偷，被抓关了个把月，回家后不跟任何人交往。父母怕他闷出病来，就请见多识广的胡德先来劝劝他。

张大勇见胡大爷来了，不得不起床迎接。胡德先见张大勇形容枯槁，病恹恹（yān）的样子，心里很难过，不由动情地说："大勇啊，你怎么能整天靠睡觉过日子呢？跌个跟斗爬起来就是，堂堂七尺男儿，总不能一世躺着啊。"

张大勇叹口气说："做了混账事，见不得人！"

胡德先一拍桌子，赞道："好！我爱听你这句话。古人说，知耻者为勇。你没亏待我给你起名叫大勇！"

大勇为难地说："我这样子，还能做什么呢？"

胡德先斥责道："你这孩子，这话说哪儿去了？你年轻力壮，通身有力——哎，这'通身有力'就是勇呀！"说着掏出本儿写了个"勇"字说："我喜欢看研究汉字的书，到你这儿来之前我仔细查了下'勇'字，有几句话蛮适合你。"

大勇听了，眼睛一亮，显出迫切要听的样子。胡德先说："我不是给你算命测字，我是借古人造字给你讲点做人的道理。就像你这'勇'字，有人把它说成'痛改前非需出力'，说得在理呀。你看，'痛'字外面一个病壳子，要去掉你身上的病，就得花力气。花了力气，病去了，就成了'勇'字了。你张大勇还魂了！"

张大勇听了，不由笑了，问："我该怎么办？"

胡德先坚定地说："凭你的手艺，出门打工去！"

张大勇问："到哪儿打工？"

胡德先指着"勇"字说："这还用问？'甬'字在上头，是四通八达的'通'。走字在下头，是天涯无边的'边'。你年轻有手艺，只要走正道，你路路通，前程无边啊。"说罢，写了大大的"通"字和"边"字。

几句话，说得张大勇涨红了脸，鼓起了重新干一番事业的勇气。

yǒng
涌

水向上冒——涌

"涌"字是个左右结构的形声兼会意字。左边是三点水，表示这个字与水有关；右边是"甬"字，表示读音。

"涌"字的本义表示"水向上冒"，如涌泉、涌流、汹涌。

小篆中用"甬"作"涌"的声符，也是有道理的。按字形解释，"甬"是个象形字，像一口钟。本义指一种乐器。而《说文解字》解释为："草木花甬甬然也。"也就是草木花茂盛的样子。在这儿，表示水向上翻腾，也是水势汹涌的意思，所以用"甬"作声符并会意。

"涌"用来比喻像水涌出来一样的事物，如人如潮涌。涌现出众多好人好事。

"涌"，还有上升的意思，如风起云涌、怒火涌上心头、从地平线上涌出一轮红日。

细细品味"涌"字，仿佛有股力量，有股勇气。再看看繁写的"湧"字，它的右边就是个勇敢的"勇"。这是个上下结构的形声兼会意字，上面的"甬"是读音，下面是个"力"字，"力"字表示这个字的意义。有力有胆量就是勇敢、勇气。弄明白"勇"字的含义，我们就明白，繁体字为什么以"勇"作声符了。水向上冒，仿佛也有一股勇气啊。

唐·薛曜《夏日游石淙诗》

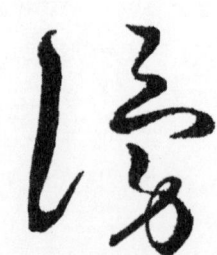

唐·怀素《秋兴八首》

在吴江生下男孩——涌

传说唐朝贞观年间,长安城里有一位奇人名叫皇甫坦,他喜欢为人写字测凶吉。

京城有一位叫汪国正的人,他曾当过几年官,现闲居在家里。他结婚多年,还没生儿育女,心里十分焦急。他听说皇甫坦写字测字很灵验,就跑去向他求字。皇甫坦问明来意,二话不说,随手写了一个"湧(涌)"字。

汪国正接过看了看,不知是什么意思,但又不便多问,只好匆匆而归。

不久,汪国正又被派到吴江当县令,汪国正带着妻子到吴江上任后没多久,他的妻子为他生了个男孩。

这真是喜从天降。汪国正欣喜之余,又拿出皇甫坦给他写的那个字,仔细一琢磨,茅塞顿开:原来"湧(涌)"字左边有个"水"字旁,而吴江正好有水,另一半拆开是"下男"二字,这岂不是说我到吴江将生下个男孩吗?

这是个笑话故事。它把繁体的"湧"拆解得十分有趣,可惜跟现在简写的"涌"字相去甚远了。

像桶的器物——用

甲骨文、金文、小篆的"用"字，形状差不多，都像木桶一类的器物，均为象形字。

"用"字的本义指"桶"。

桶的作用是盛水放东西，所以"用"就有使用的意思，如：用水、学以致用、古为今用、洋为中用。

"用"就是消费、花费、开支，如费用、零用、省吃俭用。

花费了，支出了，就会得到收益，带来好处，所以"用"有用处、功效的意思，如有用、功用、效用、作用、用途、物尽其用。

"用"有需要的意思，如不用你去了、不用再说了；也用作吃饭喝茶的敬词，如请用茶、用饭。

隋·智永《真草千字文》

唐·颜真卿《建中告身帖》　　唐·怀素《圣母帖》

王安石制字谜——用

有关"用"字，有段王安石制字谜猜"用"字的故事。宋代大文学家王安石酷爱制谜，有一天，他要招收一名书童，朋友帮他四处物色，终于找到一人，带到他面前，问是否留用。

王安石朝这人看了看，一声没吭，在纸上写了一则字谜，交给了朋友。

字谜是这样的："一月又一月，两月共半边；上有可耕之田，下有长流之川；一家有六口，两口不团圆。"

朋友看了，稍一沉思，马上就明白了王安石的意思。原来这个字谜的谜底正是一个"用"字。

心中有无限忧愁

yōu 忧

甲骨文

金文

小篆

憂
隶书

忧
楷书

　　金文和小篆的"忧"字是个形声兼会意字,与繁体字"憂"相似。它以"心"为形符,表示这个字与心理活动有关。以上面的"页"和下面的"夊"为声符,指满面愁容而慢步前行的样子。因为"页"有头部的意思,人的面孔在头部,所以用"页"作声符并会意,指"发愁、担心"。

　　简体字的"忧"字是个形声字。它左边的竖心旁表示"忧",是一种心理活动;右边的"尤"是读音。

　　"忧"的本义指"忧愁、烦闷",如忧虑、忧闷、忧伤、忧愤。

　　后来"忧"字又引申为名词,指"令人感到担心的事情",如高枕无忧、杞人忧天。有句俗话"人无远虑,必有近忧",意思就是说一个人如果没有比较长远的打算,那么他最近就会有令人担心的事情发生。

　　忧愁、烦闷的情绪,如果一直积压在心头,得不到及时释放,就会引起病变,这种病症就是人们常说的忧郁症,也称为抑郁症。

唐·褚遂良《房玄龄碑》

宋·苏轼《三希堂法帖》

不存心还伸出一只手——忧

毛泽东是大政治家，又是大学问家。他对中国的历史和文化，可算是无比精通，特别对诗词歌赋更有独到的见解。

毛泽东主席身边有许多年轻卫士，这些战士文化水平都不高，毛主席就组织他们学文化，有时还亲自上课，检查他们的作业呢。

警卫战士中，有位名叫封跃松。老师讲了白居易的诗《卖炭翁》，要大家不仅背出来，而且还要默写出来。

这天，毛主席来检查他们的默写情况，正巧拿起了封跃松的作业本。

封跃松在默写中，写了好几个错别字。

毛主席指着"心扰炭贱愿天寒"问道："这儿应该是'心忧炭贱愿天寒'。你这是'忧'字吗？'忧'要在心里'忧'啊，你不带'心'字，就是不存心，还伸出一只手来做什么？"

毛主席的一番话，说得封跃松怪不好意思地挠挠头，偷偷地笑了。

毛主席见封跃松答不出话，又说："你伸出一只手来，是存心扰乱嘛。你写的不是'忧虑'的'忧'字，而是'扰乱'的'扰'字。你这么扰乱市场，难怪炭卖不出去了。"

说到这儿，毛主席又接着往下看。见封跃松默的"晓驾炭车辗冰撤"，又问："这是'辙'字吗？'辙'，是雪地上的车印子，这儿你又伸出一只手做什么？你到处插手，这是个'撤退'的'撤'，不是'辙'。炭还没卖就大撤退，逃跑主义。你给我再默一遍。"

封跃松又乖乖地默了一遍。经毛主席这么一指点，从此，他记住了"忧""扰""辙""撤"四个字。

人持棍测水深浅——攸

yōu 攸

甲骨文
金文
小篆
攸 隶书
攸 楷书

"攸"字是个会意字。字形由三部分组成。左边是单人旁，表示人。当中一竖短短的，表示水，是"水"字简省的写法。右边是"攵"字。这个字本来写作"攴"，读"pū"和"pō"，在甲骨文中是个会意字。上面是木棍形，下面是个"又"字。"又"字表示手，在这儿指用手持棍棒。

这人手持棍棒干什么呢？他拿着长长的棍棒，在探测水的深浅，在一步一步地涉水过河。

金文承接甲骨文，在中间加三点水，更加明确了这个人用棍棒测水前进的含义。后来的小篆又把三点水改作一短竖，隶变后的楷书写作"攸"。

"攸"字的本义指"水流的样子"。《说文解字》的解释是"行水边，从攴，从人，水省。"

水日夜不停地流动，所以"攸"字引申指"迅疾"。又引申指水流的样子，由水流又引申指"安然自得的样子"，又引申指"长久、长远"的意思。不过，这两层意思被后来的"悠"字所代替，这就是"悠然"和"悠闲"，如"采菊东篱下，悠然见南山"。

"攸"字后来被借用为助词，用在动词前，组成名词性词组，相当于"所"，如性命攸关、利害攸关。在《现代汉语词典》中，有关"攸"字的词只有"攸关"这个词。

"攸"字也作姓氏用。

有心"悠"与无心"攸"

我们讲到古代的避讳故事，觉得古人对名字的忌讳是那样的烦琐、严厉，为避一些字，要求是那样苛刻，简直不可思议。那时，人们似乎都是自觉遵守，没人敢表示不满或反对。其实不然。也有胆大仗义、敢于直言的，他们会吐露心声，表达自己的不满。

我国历史上有个南北朝时代，前后将近一百七十年，其中有个南齐王朝。当时有个名叫王亮的人，担任晋陵郡太守。此人很注重避讳，特别是他的家讳，是不容冒犯的，而且此人心胸狭小，遇事斤斤计较，从不饶人。在他管辖下的晋陵县县令姓沈，这沈县令是个性格豪爽的人，说话粗喉咙大嗓门，直来直去，常常忘了别人的避讳，跟王太守讲话时，也经常触犯王家的家讳。

王太守的父亲名王攸。"攸"字属常用字，有长久、长远的意思，如悠远、生命攸关、犹如、优劣等词都用到它。沈县令讲话时，很难避讳"攸"字这家讳和谐音字。即便沈县令再三小心，还是会吐出一两句犯忌的话来。

王太守的家讳和其要求之严格，是尽人皆知的，属下官员及郡衙上下，家中仆人杂役等都是胆战心惊，时刻小心，无人敢冒犯。沈县令大大咧咧，如此放肆，令王太守十分难堪，大为不满。于是他多次向上司写信，要求将沈县令调离，另派他人来接替，批文终于下达，沈县令奉命调离。这天，他借调离告别之名，大踏步跨进太守家客厅，一屁股坐下。此时王太守正半躺在坐床上休息。沈县令拱手说道："王大人在上。因下官我犯了太守大人家讳，县令之职已由他人取代，特来告辞。下官实在不知道，大人父亲的名讳究竟是哪个字。听说是'攸'字，那这'攸'字是'酉'旁加犬旁的'猷'字呢，还是反犬旁加'酉'字的'猶'呢，还是有'心'字的'悠'呢，还是无'心'字的'攸'呢……"

沈县令一口气地说了这么多"攸"，王太守听了，忙不迭地坐起来，鞋子也来不及穿，光着脚，双手捂着耳朵，跌跌撞撞地逃出了大厅。

沈县令一吐为快，出了胸中憋着的一口恶气，哈哈大笑，扬长而去。

一字一世界

火烧丝其光幽暗

yōu 幽

甲骨文的"幽"字是个上下结构的会意字。上面是两束丝,下面是火。火烧丝,不像烧木柴那样火光熊熊,而是亮光微弱,所以"幽"的本义指"昏暗"。

小篆的"幽"字是个内外结构的会意兼形声字。外面的"山",表示这个字与山有关。里面的"兹"(yōu)表示读音。

"幽"与"山"有什么关系呢?不难想象,在深山老林里,一片幽静,光线暗淡,所以也符合昏暗这一本义。

"幽"由"昏暗"的本义,引申为"深",如幽深、幽谷、幽情。

"幽",因为昏暗,所以又有隐蔽、秘密的意思,如幽居、幽会、幽禁。

"幽"因昏暗、阴森,所以被相信迷信的人指称为阴间,如幽灵、幽魂。

"幽",也有深沉、沉静的意思,如幽思、幽雅、幽静。

甲骨文

金文

小篆

幽 隶书

幽 楷书

唐·怀素《圣母帖》

宋·苏轼《醉翁亭记》

手捧丝绸站山头——幽

北齐时，汾阳有两位读书人，一个叫张亮，另一个叫薛同，他俩是无话不谈的好朋友。

一天夜里，薛同突然做了一个梦，他梦见张亮手里拿着一匹丝绸，站在一座高山上。薛同醒后，细细一琢磨："丝"在"山"中，正是一个"幽"字，恐怕这是预示张亮要去幽州做官呀。想到这儿，他迫不及待地把此事告诉了张亮。

张亮一笑而过，不相信这是真的。谁知没过多久，朝廷果然下了诏书，命他速去幽州上任，他这才信以为真。

这是个解梦故事，又是个测字故事。看来，这薛同早已料到张亮会到幽州做官，只是假借做梦，弄出个"幽"字来表达罢了。

多了一个手指头——尤

yóu
尤

甲骨文

金文

小篆

尤 隶书

尤 楷书

　　甲骨文的"尤"字是个指事字。它的形状是伸出一个手指头，上面有一小横，表示这个手指头是多余的。

　　人的每一只手的手指头只有五个，多了一个就是多余的赘疣，是一种病，俗称六指头，有条件的请医生切除掉。脚趾头一样，也有六只脚趾头的。

　　这种异于常人，多一只指头的现象是很特别的，所以"尤"就有突出的意思，如无耻之尤，就是指无耻到了极点。

　　"尤"是个不好的现象。谁喜欢六个手指呢？所以"尤"也当错误、过失用。学做坏事为"效尤"。

　　多了一个手指头，总是不正常的，会常常埋怨老天不长眼，怎会让我多生了一个手指头呢？所以"尤"有责怪、怨恨的意思，如怨天尤人。

　　"尤"因多了一个手指头，就有更和更加的意思，如尤其、尤甚、尤为重要。

　　"尤"是一个姓。

唐·欧阳询《九成宫醴泉铭》

明·文征明《西苑诗》

犬儿拐起脚——尤

对"尤"字,民间有段有趣的文字故事。

明朝有位大学士,名叫解缙。

解缙幼年时就有神童之称。一天,衙门里的一位师爷跑来,对小解缙说:"人人都说你聪明,那你就给我作首诗,要把我的姓嵌在诗里面,作得好,一切好说,作得不好,我就把你送进衙门。"说罢,眯着眼,等解缙作诗。

解缙知道这家伙有意刁难自己,于是他略一思考,随口吟了一首打油诗:"添心便生忧,患病会长疣,犬儿拐起脚,学人仕而优。"没等解缙念完,师爷已经坐不住了,灰溜溜地告辞而去。

原来,这个师爷姓"尤"。解缙的这四句打油诗,不但句句扣住他的姓,而且还把他嘲弄了一番。

有条路通到田里——由

yóu
由

甲骨文和小篆的"由"字其字形相似，都是在"田"字上有一竖，或"田"字当中的一竖出头。这与今天的"由"字也相同。

对"由"字有三种不同的说法。一种说法认为，小篆的"由"字是个会意字，它由"田"和"丨"组成。"丨"表示路，合起来表示有条路通到田里，它的本义指"原因"，也就是由来、原由、理由、事由、情由。后来又转义为介词，表示由于、因为，如咎由自取。也表示经由、经过，如必由之路。也表示凭借，相当于"自""从"，如由此可知。也表示起点，如由此及彼。也表示听凭、顺随，如听天由命。也表示归属于，如由他负责。

另一种说法认为，"由"字是个象形字，下部像开裂的果实，上部像萌发的幼芽，本义是"种子萌芽，抽出枝条"。后来引申为"什么种子发什么芽"，所以"由"字就有原因、原由、事由的意思，又转义为由于、经由、由此等意思。这种说法也不无道理。

还有一种说法，认为"由"字是个指事字。"由"上出头的那一竖，是指从此处或此路可进入田里。其本义就是"由此而进"，进而就有经由、由于等意思，再引申为其他意思。这种说法，也有道理。

"由"，也是个姓。

甲骨文

由
金文

由
小篆

由
隶书

由
楷书

砍掉申先生的尾巴——由

熊先生是一家出版社的资深编辑。他年过五十，虎背熊腰，肥头大耳，胖得像弥勒佛。

老熊也像弥勒佛一样，为人宽厚，幽默风趣，众多作者都是他的知心朋友。现在是信息时代，编辑与作者的交往，大都在电脑上进行，很少再靠书信往来了。熊先生虽会操作电脑，也常发电子邮件，但仍喜欢用毛笔与好朋友通信，用他的话说是动手写写，不至于忘了汉字的笔画。

今天，老熊摊开信纸，手握狼毫毛笔，正在给新结识的作者申先生写信。

申先生有部书稿在老熊手上，他来信催问，何时出版。

不知申先生是一时粗心大意，还是存心开个玩笑，他称熊先生为"能先生"，把"熊"字下面的四点漏掉了。

老熊提笔，跟申先生幽默了一番。他称"申"先生为"由"先生，并解释道："阁下一刀砍了我的四个蹄子，我不得不狠下心来，挥刀斩了你的尾巴，让你'申'改姓'由'了"。

像狗的猴类动物——犹

yóu
犹

甲骨文

金文

小篆

隶书

楷书

  甲骨文的"犹"字是个左右结构的形声字。左边是个"酉"字，读"yǒu"，作声符。右边是个"反犬旁"，作形符，表示是种犬类或其它动物。"酉"字与"反犬旁"组合，指一种像狗一样的猿类动物。金文的字形承接甲骨文，但显得复杂化。将左边的"酉"字变成了"酋"字，读"qiú"。小篆的字形承接金文，但将偏旁的位置掉换。左边是反犬旁，右边也变成了"酋"字。
  楷书的字形由小篆演变而来，写作"猶"，现简化为"犹"。"犹"字的本义指一种猿类动"犹猢"，也有人说是形状像狗的猴类动物。
  "犹"字由本义假借指"如同"，如仍然、照旧称"犹然"；"犹如""过犹不及""虽死犹生"中的"犹"字都是"如同"之义；"犹"字又假借指"还、尚且"，如记忆犹新、言犹在耳；尚且、仍然称"犹自"。"犹"字也表示迟疑不决，如拿不定主意称"犹豫"，也说作犹犹豫豫，也称作"犹疑不决"。
  "犹"字也作姓氏用。

一万刀狗酋——犹

一看题目，似乎弄不懂：这是啥意思？

要讲清这故事，先得弄清两个字。一是古代的"萬"字。这是个象形字，甲骨文的字形像蝎子，当时因其非常多又非常毒，故不断改进毒之极，称为"万恶"。在古文和小篆中，"萬"也写作"万"，如今简体字写作"万"，古已有之，不是新创。

二是"猶"字，左边反犬旁，左边的"酋"读"qiú"，指部落首领"酋长"。本义指一种像狗的猿类动物，如今简化为"犹"，"猶"字成了异体字。"一万刀狗酋"，意为将一个姓万名猶的贪官砍一万刀也不解恨。

故事的缘由是这样的。清朝建立后，非常重视科举考试制度的恢复。顺治十三年秋，顺治帝特地任命方猶和钱开宗这两位大臣为西酋年江南乡试的正副主考官。方猶和钱开宗二人赴任前，顺治帝再次召见，并一再告诫他们，一定要秉公办事，切勿贪赃枉法。

岂料，两人到了江南，见钱眼开，大肆受贿索贿，闹得参考的考生们群情激愤，集会抗议。还有写唱词曲儿街头演唱的，也有写诗词对联到处张贴的，或写剧本戏剧演出的……还有人创作字谜和词曲，通过各种渠道传入京城皇宫的……这些材料，充分揭露了江南乡试行贿舞弊的种种丑恶行状。

顺治帝为慎重起见，特地派内务府几名高官去江南暗访，了解民情。这几个人回来后，向顺宗帝详细汇报，其中有个谜语引起顺治帝的重视。谜面早曰："一万刀狗酋"。

顺治帝不解。内务府官员如实解释：这谜面是拆开"方猶"两字是"一万狗酋"。"方"字，可拆为一点和"万"字。此为"一万"。"猶"字左边反犬旁，右为"酋"字，合为"猶"字。"一万刀狗酋"即千刀万剐这狗官，可见社会舆论对这两个人愤恨到何种地步。

顺治帝掌握案情后，恨得咬牙切齿，他立即下旨，将方猶及钱开宗斩首示众。将同考官十八人全部处以绞刑。其余涉案者或关押或流放，无一漏网，这便是清史记载的"涵治丁酉科场案"。

动植物的油脂

yóu
油

  "油"字是个左右结构的形声字。左边的"三点水"作形符，表明"油"跟水一样是一种液体。
  "油"字右边的"由"字读"yōu"，作声符。
  "三点水"和"由"字组合，指"动植物体内所含有的脂肪或各种碳氢化合物的混合液体"。
  因是指混合液体，这跟三点水有关，所以古人用"三点水"作"油"字的形符。
  楷书的字形由小篆演变而来，写作"油"。
  "油"字的本义指"动植物的油脂，或矿产的碳氢化合物的混合液体"，如涂上桐油的布，用来防水防湿的称"油布"；积聚着石油的地层称"油层"；榨植物油的作坊称"油坊"；石油和伴生的天然气称"油气"。还有油画、油泵、油轮、油田、油饼、炼油、麻油、汽油、润滑油、花生油、清凉油、鱼肝油、万金油、火上加油等词语。
  "油"字由本义又引申指"用油涂抹"，如油漆、油饰、油刷。
  "油"字由本义引申指"世故、圆滑、不诚实、不诚恳"，如油滑、老油子、油腔滑调、油头滑脑。
  "油头粉面"指男子打扮得过分而显得轻浮。
  "油煎火燎"形容非常焦急。
  "油尽灯枯"指灯油熬干，灯火熄灭，比喻生命衰竭或死亡。
  "油盐酱醋"指烹调用的各种作料，借指日常生活的各种琐事。

"油"和"加油"

"油"字跟人们日常生活息息相关，所以组词较多。如"开门七件事，柴米油盐酱醋茶"，"油"字名列其中。"加油"一词，指添加燃料油、润滑油，也用来比喻进一步努力，加把劲儿。说起这一词的来历，有段民间故事。

明朝初年有位大臣、文学家，名叫刘基，字伯温，青田人，即今日浙江青田人。元末农民大起义时，他以自己卓越的才华和军事谋略，协助朱元璋夺得了政权，建立了大明王朝。

刘伯温早就看出朱元璋这人能共患难，但不能共富贵。他很知趣，早早地辞了官，只顾游山玩水，不问政事，以免引火烧身。这年春天，他来到陕西勉县定军山下，到这儿拜谒诸葛亮墓。

刘伯温站在诸葛亮墓前，突然冒出个念头：诸葛亮墓里肯定有天书随葬。于是，他吩咐随行的手下召来民夫，花了好几天时间，挖通了墓道。墓道一打开，刘伯温就举着火把，抢先走在前头。到了诸葛亮的棺木旁，只见棺木前的长明灯灯光暗淡，油将耗尽，眼看就要熄灭了。刘伯温对众人笑道："诸葛先生料事如神，却没料到千年之后，长明灯会熄灭啊。"

刘伯温正得意，忽见长明灯旁的大油缸上贴有一张纸条，他举灯一看，不由惊呆了。只见纸条上写着六个大字："刘刘刘，请加油！"

刘伯温惊出一身冷汗，忙令手下人快马加鞭，到街市买来油料，将油缸加满。没一会儿，长明灯又亮了起来。满满一大缸油，足够长明灯再点燃一千年。

刘伯温惊恐不安，心中对诸葛亮佩服万分。这下，他连天书也不敢找了。他亲自监督民夫工匠，将诸葛亮墓封土加固，随后又举行了隆重的祭祀仪式。他默默地对诸葛亮说："先生料事如神，后世无人能及。"说罢双膝跪下，连磕了三个响头，这才离去。

这个故事传开后，人们都说刘伯温有自知之明，夸他有谦虚谨慎、继续努力的品质，便将"加油"这一词当作"继续努力"和"奋斗不息"的同义词流传下来。

人或动物在水中游动

yóu
游

甲骨文

金文

小篆

游 隶书

游 楷书

　　古代的"游"字是左右结构的形声兼会意字。以水和"斿"作形符，"斿"字兼声符。水，表示与水有关。"斿"，读"liú"，这是古代旗帜上的飘带。水和"斿"组合，意为漂浮在水面上，就如同飘带在风中飘动一样。金文的"游"字没有三点水，写作"斿"，左上方像有飘带的旗。下部是个"子"字。"子"字是人，这是个举着旗帜的人。到了小篆才加了三点水，表示人或动物在水中游泳的意思。

　　"游"和"遊"本是两个字，它们读音相同，但字形和字义均不同。"遊"字是走之旁，本义为"遨遊"，转义为"旅行"和"交际"，后同音假借为"游"，两个字合拼为"游"。

　　"游"字的本义指"人或者动物在水中浮动"，也就是游泳，如游泳、游鱼。

　　"游"字引申指"江河的一段"，如上游、中游、下游。

　　"游"字也表示在各处从容地行走，闲逛，如游览、游园、游行、漫游、春游、游荡；也表示玩耍，如游戏、游艺、游玩。

　　"游"字也表示不固定的，经常移动的，如游牧、游民、游击、游子、游资、游侠、游学、游医、游走、散兵游勇。

　　"游"字表示交际、交往，如交游、游说；也表示旅行，如旅游、远游、游记、游历、游山玩水。

　　"游"字也作姓氏。

四大名著共藏一字——游

据野史记载，清朝嘉庆年间，福建才子梁中亨考中状元。嘉庆皇帝举办琼林宴，为新科进士举行宴会，文武大臣和考中的人都参加。嘉庆听说新科状元博览全书，记忆惊人，且思维敏捷，便想试试真假。

嘉庆帝对身旁翰林老学士耳语道："爱卿，你用书名编个谜语，考考这江南才子！"

老学士受命，沉思良久，想出一谜，于是走到梁中亨桌旁说："今日皇上赐宴，老夫与梁状元幸会，借酒兴出四句诗谜，打一字，请状元破之，以助雅兴！"

众人都知道，这是老学士在考新状元，都静下来看着他俩。只听老学士朗声吟道："《三国演义》魏、蜀、吴各有据点，《水浒传》众英雄同奔一方，《西游记》多神怪似人非人，《红楼梦》大观园佳人才子。"

梁状元在众人注目之下，从容不迫，略加思考，然后拱手答道："老宗师所出佳谜，乃诗仙李太白平生最喜爱之事，应当是个'游'字！"

老学士一听，朝嘉庆帝拱手道："皇上，正是此字。新科状元果然是博学多才，恭贺皇上又得一能臣！"

老学士贺罢皇上，转身对在场的人解释道："老夫也是挖空心思，想出此谜。《三国演义》含三点水，《水浒传》含'方'字，《西游记》似人非人，乃含一撇一横的'⺽'字。《红楼梦》含一'子'字。四部书所藏的字合起来便是'游'字。"

yǒu
友

甲骨文

金文

小篆

友 隶书

友 楷书

双手相握是朋友

甲骨文的"友"字是个会意字,是两只手平行形状。金文中的"友"字与甲骨文相似。

小篆的"友"字就变成了一个上下结构的字,原先并排的两只手变成了一上一下的两只手的形状。后来渐渐写成"又",成了现在的"友"字的形状。

古人为什么画两只"手"表示"友"呢?不难想象,古代人们为了生存,战争不断,手中离不开武器。伸出两手,表示手中没有武器。两手相交,表示握手。而握手就是为了表示友好。这种礼仪,几千年来未曾变化,人们见面时都习惯伸出右手,紧紧握一下,以表达亲密友好的情谊。因此,"友"的本义就是"朋友"。

古人认为,同志为友。同志是指志同道合的人,古代只有志同道合的人才能称为"友"。

在现代,"友"字的使用范围有所引申,可以指在一起工作或游戏的人,如战友、棋友、球友、赌友。

在现代汉语中,"朋"和"友"基本同义。其实在古代,"朋"和"友"的意义是不一样的。同师为朋,同志为友。

"友"也可以用作形容词,用来形容一种友好、亲近的关系,如友好、友善。

唐·孙过庭《草书千字文》

宋·米芾《茹溪诗》

反字出头——友

东魏末年,齐王高洋大权在握,气焰熏天。一天,他外出有事,见街市中央围着一大群人,走近一看,原来是一位号称"活神仙"的测字先生正在为人拆字算命。

高洋心里一动,在纸上写了个"友"字,想让测字先生为他预卜一下未来。

测字先生抬头看了一眼高洋,连忙说道:"大人,有些话实在不方便在大庭广众之下说,请大人跟我来。"说罢,将高洋引到了自己落脚的小客栈。待坐定后,高洋问道:"先生究竟有什么不好说的,快快道来。"

测字先生低声回答:"恕我直言,'反'字出头才是'友'字,大人要我测这个字,一定是心里有些想法。"其实,高洋早有篡位之心,此时听测字先生这么一说,顿时惊出一身冷汗,以为被他看破了心思,忙拔剑砍去,将测字先生斩于血泊之中。

回去后,高洋立即废黜东魏的李静帝,自己做了皇帝,建国号为齐。

手中持肉为有

yǒu
有

甲骨文

金文

小篆

有
隶书

有
楷书

甲骨文的"有"字是个指事字，其形状像人的右手。有些甲骨文的"有"字伸出的"手"字下有一横，表示将东西送到另一个人手中。手中有东西，表示"到来"，也就是"有了"。

金文的"有"字上面那一部分表示"手"。下面的"月"表示肉，也就是我们常说的"月肉旁"。凡有"月"字，大都与肉相关。

小篆的"有"字与金文相似，用手指肉，表示具有，这是个会意字。

"有"的本义是"具有、拥有"，如私有、公有、专有、占有、所有。

"有"表示存在，如家里有客人。

"有"还用来表示估量或比较，如这洞有五米深、他有爸爸高了、我们有七八年没见面了。

"有"表示发生或出现，如他有病了；他有钱了。

"有"表示大、高、全，如有了年代了、有本领、有经验、有学问。

"有"表示不确定，或指一部分，如从前有个皇帝、有个人、有一天、有的地方、有人喜欢。

"有"还用来表示礼貌，如有请、有劳大驾。

唐·颜真卿《祭侄稿》

宋·米芾《草书帖》

"有"字吓破皇帝胆

相传明朝末年,李自成率领义军杀到了北京城下,崇祯皇帝心里害怕,便改扮成平民百姓的模样,独自溜到宫外,想找个算命先生问问"天意"。

崇祯皇帝走出西华门外不远,就看到那儿有个测字摊子,于是连忙跑上前,请测字先生测测大明的国运,还有没有挽回的希望。

测字先生请他报个字。心存侥幸的崇祯皇帝便报了个"有"字。

测字先生掐了掐手指,嘴里先是念念有词,忽然大声呼叫起来:"哎呀,小人不敢说,实在不敢说呀!"崇祯皇帝的心一下悬了起来,慌忙从怀里掏出一块银子放在测字摊上,请他不妨直言。

测字先生叹了口气,苦着脸说:"'有'字上面是个大字,但少了一笔;下面是个明字,可又少了半边。这大不成大,明不成明,这大明江山哪有挽回的希望啊!"

崇祯皇帝听得浑身冷汗直冒,呆站了一会儿,掉头回宫去了,从此再也无心与李自成对抗了,最后竟吊死在煤山。后来据老人说,那个测字先生是李自成的谋士宋献策所扮,特意在皇宫外摆个测字摊,以便散布流言,大搞心理战,没曾想还没扰乱军心,竟把大明天子吓破了胆。

[瓦当欣赏]

秦汉画像瓦当

yǒu
酉

甲骨文

金文

小篆

隶书

楷书

像酒坛子一样的 酉

　　甲骨文和金文的"酉"字，都是象形字。其形状像酒坛子。即使是几千年后的今天，我们所见到的酒坛子，依然是这个模样。

　　"酉"的本义就是指"酒坛"或"酒壶"，后来借用为干支名称，排在第十位，酉时，指下午五点到七点。

　　在汉字中，凡与"酉"字有关的字，大都与酒有关，如酒、醉、酣、酌、配、酿。

汉《韩仁铭》

北魏《张玄墓志》

隋《苏孝慈墓志》

唐·怀素《圣母帖》

元·赵子昂《三希堂法帖》

横看风箱竖看铁墩——酉

对"酉"字,民间有段有趣的"横看风箱竖看铁墩"的故事。

清朝时,江南有个读书人叫杨南峰,在村里教几个孩子识字。学堂隔壁住着一个李铁匠,每天拉风箱,扇炉火,专在铁墩上为人锻造刀剪等物。后来,李铁匠不知从哪儿发了一笔横财,丢掉了本业,置田盖房,俨然成了当地的富商名流。

李铁匠暴富后盖了座大瓦房,他最怕有人再提他当年干铁匠的事,就找到杨南峰,求他帮忙,还苦巴巴地说:"我看那些体面人,建了房子,都叫什么斋呀轩的,有劳先生也帮我这新房子取个名称吧。"

杨南峰故作沉思,随即写了个"酉斋"二字。李铁匠非常满意,从此便以此号自称。

有人不明白杨南峰取"酉"字是什么意思。杨南峰回答道:"这个'酉'字,横看是个风箱,竖看是个铁墩,我就是要人们记住这个暴发户以前是个铁匠。"

右手——又

yòu
又

甲骨文

金文

小篆

又 隶书

又 楷书

甲骨文和小篆的"又"字,都是象形字。其字形就像伸出的一只手。而且是一只手指向左、手背向右的右手的侧视图。在甲骨文中,"又"与"右"同音同义,就是同一个字。所以"又"的本义就是"右手"。

"又"后来多借用作副词,表示动作重复或连续,如他又来了、找了又找、看了一次又一次。

"又"表示意思进一层,相当于"而且",如"他身体不好,又是个残疾人"。

"又"表示轻微转折,相当于"却",如"你刚说的话,又想不起来了"。

"又"表示几种情况并列,如又香又甜、又唱又跳。

"又"表示加重语气,如"你又不是三岁孩子"。

"又"表示在某个范围之外有所补充,如"除稿费外,又给你五万元"。

"又"字借作副词后,金文在"又"字下加了个"口"字,成为"右"字,专门用来表示左右的"右"。这才使"又"与"右"彻底分工。

唐·颜真卿《争座位稿》

明·解缙《三希堂法帖》

"又"字少一点

对这"又"字,有一则"又字少一点"的拆字故事。

清朝康熙年间,有一个学子进京赶考,途中在一个小镇住宿时,在旅馆碰到一位测字先生,便凑上前,想请他算算此次会考是否能如愿。

测字先生让这位学子在字袋里抽出一个字。学子依言照办,抽出了一个"又"字。

测字先生看了,摇头晃脑地拆解起来:"这'又'字看上去像'文',但头上却少了一点,说明文曲星没有降到你的头上,所以你这次赶考,肯定是无功而返。"

学子一听,心里冰凉,就打消了赶考的念头,回家去了。

从这个故事看,测字先生的一派胡言,断送了这位学子的前程。话又说回来,这位学子,也太不自信了,为何不去考考试试呢?

一字一世界

yòu
右

甲骨文

金文

小篆

右 隶书

右 楷书

以口助手为右

甲骨文的"右"字像人的一只右手,伸着三个手指,这是个象形字,本义是表示右手。

后来的金文在右手下加了个"口"字。这口字就是人的嘴巴。这就表示用右手干活时不方便或有困难,要用"口"来帮助。怎样帮助?无非是用牙咬,或喊别人来一起干。这就是以口相助。这样,"右"字就成了会意字。本义有"帮助、照顾"的意思。

后来,因为"右"多用来表示右手,所以又用来与"左"相对,表示方位,这样,人们不得不另造一个"佑"字,来表示辅助、保护、保佑,而"右"字则专门用来表示"右手"的意思。

右,指右手。人们面孔朝南坐时,右手在西侧。据历史考证,在春秋以前,古人曾以"左"为尊贵,以"左"为吉利,而以"右"为卑下,以"右"为凶险。所以"男左女右"的说法,一直流传至今。

到了战国至秦汉时期,古人又变"左"为卑,以"左"为下了。如左将军不如右将军权力大,左丞相比右丞相地位低,低级的技艺称为左门旁道。到了汉代以后,各个朝代崇尚"左"或"右"各有不同,但大都崇尚"右"。不是么,夸奖某人才华出众,常说"无出其右者",就是明显的例子。

唐·颜真卿《颜勤礼碑》

"石"头上露出头

明朝万历年间,湖州有兄弟三人一起进京做生意。他们披星戴月,日夜兼程,眼看离京城越来越近了,可就在这时,两条忽然出现的岔路让他们傻了眼。

究竟哪一条才通往京城呢?兄弟三人商量了半天,谁也不敢贸然前行。就在这焦急时刻,一个背着干柴的小孩迎面走来,老大连忙上前打听,希望他能指出一条明路来。谁知这小孩顽皮得很,一句话不说,跑到岔路口的大石头后面,先猫下腰,然后又往上探了探脑袋。老大和老二莫名其妙,不知道小孩是啥意思,而老三却向小孩行了个礼,并连声道谢。那小孩嘻嘻一笑,转身离开了。

老大没好气地说:"他又没指点我们,你谢他干什么?"

老三笑着回答道:"刚才他给我们出了个哑谜。石上露头,不是一个'右'字吗?他是叫我们往右走呢。"老大老二顿时明白过来,连夸弟弟聪明。

就这样,他们顺着右边的路,没走几天就到了京城。

一字一世界

yòu
幼

甲骨文
金文
小篆
隶书
楷书

年纪小的幼儿

甲骨文的"幼"字,是个左右结构的会意字。左边是个"幺"字,这个字读"yāo"。右边是"力"字。这两个字形组合在一起,表示"力量弱小"。

"幺"字在甲骨文中是个象形字,字形就像一把细细的丝的形状。这是最早的"丝"字,本义为"一小把细丝",后引申指"细小",又指"幼小",所以子女多的人家把最末的女孩子称"幺妹"。"幺"字是数词,俗语中"幺"作为最小数"一"来看待,所以有"呼幺喝六"之说。正因为此,所以古人将"幺"字用来表示力量弱小和年纪小。

古人为什么用"力"字来表示幼小呢?因年纪幼小,力气就小。所以古人用"幺"和"力"组合在一起,表示"力量弱小、幼小"。

小篆的"幼"字由甲骨文演变而来。楷书的字形由小篆演变而来,写作"幼"。

"幼"字的本义指"力量弱小"。由力量弱小这一本义引申指"年纪小,未成年",如幼儿、幼年、幼子、幼儿园、幼儿师范学校。由此又引申指"初生的",如幼苗、幼林、幼虫、幼芽、幼小。

"幼"字由"幼小"又引申指"小孩子",如妇幼、扶老携幼。

"幼"字还假借指"见识少、缺少经验",如幼稚、幼稚病。旧时称"幼儿园"也作"幼稚园"。

"幼"字也作姓氏用。

李治和"幼"稚

古代人讲究"避讳"。平民百姓在日常生活中，也要注意避讳。子女避祖父乃父亲名字，此为"家讳"。百姓和官员避君王名字，这是"公讳"，也称"国讳"。无论是说话写文章，都要避开要避讳的字，另选与这个字读音不同，但意义相近的字。因唐高宗名李治，这个"治"字就成了皇帝专用的字，任何人都不得写和读，在行文中，凡遇到"治"字的都改成"持"或"理"等同义的字，这种避讳，一直延续到这个皇帝死后若年，乃至这个朝代消亡后才能恢复使用。因为避讳，使得这些字长期不用或混用，由此产生了一些新词。如因"李治"的"治"字改用"理"，故有"治理"一词。

李治不仅不许用"治"字，就连与"治"字同音的字也不许用，其中就包括"稚"字。遇到"稚"字该怎么办呢？大臣们千挑万选，就选字义相近的"幼"字来代替，于是，在词海中又多了"幼稚"一词。

用言语引导——诱

yòu 诱

小篆的"诱"字是个左右结构的形声兼会意字。左边的"言"字是形旁,表明这个字与言语有关。右边的"秀"为读音。

"诱"用"言"为形旁,是因为"诱"有引导、教导之义,而引导人常以善言美语来启发引导人,所以用"言"为形旁。又因"秀"的本义指禾谷类植物吐穗扬花,含有美好的意味,所以用"秀"为音符并会意。

"诱"字的本义是"教导、诱导",如循循善诱、诱发、诱降、诱杀。

"诱"字引申为"使用手段使人上当受骗",如引诱、诱骗、诱惑、诱饵、诱敌深入、诱拐。

"诱"表示吸引人,如景色诱人。

笑 金文

誘 小篆

誘 隶书

诱 楷书

唐·李邕《李思训碑》

唐·怀素《自叙帖》

唐·欧阳通《道因法师碑》

唐·孙过庭《书谱》

甜言秀色诱你上钩——诱

罗德金是苏北农村长大的孩子。他以优异的成绩,考取了财经大学。大学毕业后,他进了一家银行工作,由于他工作勤恳,严守纪律,业绩突出,没到三年,就被提升为一家分行的副行长,分管信贷业务。

罗德金当了副行长,仍然保持本色,深受同事们的好评。

最近,有人给罗德金介绍了位女朋友,名叫李丽。这姑娘长得跟名字一样,十分俏丽。没两个月,两人已难分难舍,确立了恋爱关系。

李丽不仅长得漂亮,而且能说会道,交际很广。她为罗德金介绍了许多朋友,每天应酬不断,常常出入高档饭店和娱乐场所。渐渐地,罗德金的衣着言谈都起了微妙的变化,李丽夸奖说:"你这才像个真正的行长!"

李丽的夸奖才过没几天,罗德金就被司法机关拘留审查了。罪名是贪污受贿,数额巨大。

原本忠厚老实的罗行长,怎会这么快就变成罪犯呢?负责银行纪律监察的老张,在银行职工大会上有段精彩的讲话。

据初步审查,罗德金的案子是一个犯罪团伙精心策划的。李丽是这个团伙的一个成员,她使用的办法只有一个字:"诱"。

老张详细地分析了这个"诱"字,他语重心长地说:"同志们,当心哪。秀美的身材,再加上甜言蜜语,这就是'诱'呀。这两样东西,足以把好人诱成恶人,把他从天堂诱入地狱。"

[瓦当欣赏]

秦汉画像瓦当

像笙一样的乐器——于

yú
于

甲骨文

金文

小篆

隶书

楷书

"于"字笔画简单，但它的源流说来却十分复杂。

有人认为，甲骨文的"于"字是个象形字，字形像笙放在套子里。本义指古代一种像笙一样的乐器，这个本义后来被"竽"字取代了，"于"字就假借指"在"的意思，如处于、生于、位于。

"于"，又假借指"向"，如濒于、偏于。还假借指"给"，如嫁祸于人。"于"又由"向"引申指"对""对于"，如忠于祖国。"于"字又引申指"自""到"，如出于本能、出于自愿。再假借指"引进比较的对象"，如大于、小于、高于一切。又假借作动词或形容词的后缀，如敢于、猛于、精于。

也有人认为，古代的"于"字是象形字。其字形不是像笙一样的乐器，而是像气舒出，也就是气往外出的样子，本义是"往、去"。后来假借他用。其使用范围大致与前面说的差不多。

还有人认为，金文的"于"字读"wū"，字形像鸟的形状，也就是繁体字"於"字，本义指"乌鸦"。后来这一本义消亡，假借他用，"於"字简化后成了"于"。

在古代，"于"和"於"通用。今天的"于"多用来介绍动作的时间、地点、人物等，表示"在""对""给""向"等。

"于"字也作姓氏用。

十字变"于"字

康熙是清朝在位时间最长的皇帝。他8岁就登基了,在位61年,南征北战,创建霸业。他共有35个儿子,除了夭折的,还有20个。这些皇子,个个都想继承皇位。

早在康熙当政没多久,就立二皇子为皇太子,后来发觉二皇子有抢班夺权的企图,他一怒之下,把他的皇太子废了。这么一来,皇子们纷纷行动,使尽手段,要争当皇太子。

四皇子名叫胤禛,他自知立太子轮不上他,他便暗中与康熙的表兄隆科多勾结。此人是他的表舅,在京城统兵,权势很大。

半年后,康熙思来想去,觉得还是二皇子合适,于是又立二皇子为皇太子。没料到,二皇子复立后,仍然拉帮结派,胡作非为,康熙咬咬牙,又把他废了,把驻守西北边疆的十四子胤禵召进宫,面授治军克敌的方略,有立十四子胤禵为太子的用意。

康熙病危后,当皇子们得到消息,纷纷奔向皇宫时,只见四皇子已立在大殿门口,他的身边是尚书、步军统领隆科多。周围布满全副武装的士兵。隆科多拿出康熙的遗诏宣读道:"朕决定传位于四皇子胤禛。"

众皇子见这副架势,不敢反抗,都怕被扣上谋反的罪名,一个个都默认了。于是四皇子胤禛继位,就是后来的雍正皇帝。

关于雍正继位,后人编过许多故事指责他。有的说他派人杀了几个兄弟,有的说他涂改了康熙的遗诏。原来遗诏上写的是"传位十四子胤禵",他们将"十"改为"于",将"禵"改为"禛",他才得以继位。一般说,改"十"为"于"只要加一横一钩就行了。"禵"改"禛"也不复杂,尽可做得天衣无缝。但据史学家们考证,这不是历史事实,那就算作民间传说了。

一字一世界

食物丰富有剩余

yú 余

甲骨文 夺
金文 夺
小篆 餘
隶书 余
楷书 余

甲骨文和金文的"余"字，跟今天的简体字相似，是象形字。字形像原始居民在树上搭盖的住屋。从甲骨卜辞开始借为第一人称代词，有"我"的意思。"餘"字是个形声兼会意字。"食"是它的形旁，表示它和食物有关。"余"是它的声旁。人们在日常生活中，碰到最多的情况就是食物一时吃不了，会剩下一点儿。食物有了剩余就表示"餘"，所以"餘"的本义是指"财物、粮食丰足"。

古人用"余"作声符，据说是因为"余"作语气词用，有向外张开之义。如若一个人吃得过饱，肚皮就大，有向外扩张的意味，所以用"余"作声符并会意。后来在简化时，索性以它为字体了。

粮食、财物丰富就会有剩余，所以"余"有剩下的意思，如余粮、余钱、余力、余生。正因为有剩下、多余的意思，所以"余"也可以指大数或度量单位等后面的零头，如两尺有余、足足有余、余数等。

"余"也可以指某些事情、情况以外或以后的时间，如业余。业余是指工作以外的时间，也可以指非专业的，如业余演员、业余爱好。

另外，"余"在古代汉语中也有"我"的意思。

"余"，也是个姓氏。

汉《曹全碑》

你比我横多了——余

南京城南有个居民小区叫"天地新城",住着近千户人家。临街有幢楼,底楼住着个姓金的,名叫大龙。这金大龙能说会道,与三教九流都有来往。人们怀疑他跟黑社会有勾搭,对他敬而远之。

金大龙家楼上住着位余老师,这人老实耿直,敢于仗义直言,深得居民们的信任,成了小区居民的代言人。

最近,金大龙买下了对门的房子,准备开一家饭店。按规定,在居民区开餐饮店,要得到周围住户的同意。为此,金大龙在一家大饭店摆下几桌酒水,请楼上楼下的住户们聚聚,以取得大伙的同意。

居民们碍于面子,不得不去。余老师也去了,他是想杀杀金大龙的威风。

金大龙知道余老师的分量。他首先向余老师敬酒,还亲热地说:"我们楼上楼下,是一家人嘛。我楼下开饭店,也是为大家呀!"

余老师没好气地说:"你赚钱,我们为你吃油烟?"

金大龙装出笑脸:"余老师莫动气嘛,你我年岁相仿,再说,你姓余,我姓金,不就相差那么一横吗?要不还是一家人呢。来,一家人不说两家话,干一杯!"

余老师听了,冷冷地说:"我姓余的下面没一横,所以不能成金,只能姓余。你有一横,所以你姓金。你姓金的那一横,可比我横多了,我要看你究竟横多长。"说罢,他放下酒杯,扬长而去。

别的居民见余老师走了,也纷纷离席,各自走了,剩下金大龙,气得直摇头。

yú
鱼

甲骨文

金文

小篆

隶书

鱼
楷书

水中的脊椎动物——鱼

甲骨文和金文的"鱼"字,都是象形字,其字形酷似鱼的形状。"鱼"字的本义指"水虫也,鱼尾与燕尾相似"。也就是在水中生活的脊椎动物,其体形侧扁,有鳞有鳍,用鳃呼吸,用鳍划水,种类繁多,供人食用。

金文的"鱼"字,由甲骨文演变而来。小篆的字形由金文变化而来,如今楷书的字形由小篆演变而来的。

"鱼"字的词汇,指鱼本身,如鱼翅、鱼刺、鱼肚、鱼苗。还有数不尽的各种鱼的名称,如刀鱼、鲫鱼、黄鱼、鲨鱼、乌鱼等。

"鱼"字由本义引申指与鱼有关的,如鱼叉、鱼池、鱼饵、鱼塘、鱼网、鱼肝油。

"鱼",也作姓氏用。

隋·智永《真草千字文》

唐·孙过庭《书谱》

宋·苏轼《醉翁亭记》

明·文征明《西苑诗》

康熙皇帝写"鱼"字

人常说：上有天堂，下有苏杭。苏州、杭州是人们向往的地方。

到过杭州的人必去西湖。西湖有十景，十景中有一景："花港观鱼"。在景点上有块石碑，石碑上刻着"花港观"四个字。不细心的人也许一掠而过，没有发觉这四个字中的"鱼"字下面只有三点。

繁体字的"鱼"写作"魚"，下面是四点。何人将它写成三点的呢？

原来，"花港观鱼"这四个字，是清朝康熙皇帝的手迹。康熙文武双全，一个简单的"魚（鱼）"字他是决不会写错的。

据野史记载，康熙笃信佛教，十分崇尚"好生之德"。信佛的人不杀生。然而，在汉字里，三点水表示"水"，而四点水即为"火"，繁体字的"魚"字下面的四点既不是表示火，也不是表示水，而是指鱼的尾巴。这四点在简化时变成了一横。康熙皇帝却把这四点当作火。他认为鱼儿离不开水，若遇火，岂不是煮熟了么。所以康熙皇帝在写"鱼"字时，善心大发，有意将下面的四点写成三点，以示皇恩浩荡，慈悲为怀，泽被万物。

用刀挖空树干做船——俞

yú 俞

甲骨文

金文

小篆

隶书

楷书

甲骨文的"俞"字是个会意字。上面是个三角形的符号，表示向前移动。下面是"舟"，表示小船一步步向前航行。

金文的"俞"字左边也是"舟"，那三角形移到右边，并用一条竖长曲线强调小船向前航行，表示渡河到对岸。

小篆的"俞"字，上部为三角形，表示前进方向。下部那一竖成弯曲形，是流水的样子，表示船在水中行。后来到了楷书，这流水成了立刀状，就变成了现在的"俞"字。

渡船航行时，船主会发布开船之类的命令，而撑船的船工会一声声答应，所以"俞"源自撑篙使船前行，引申为"应允、肯定"的意思。相当于对啊、是啊，如俞允，表示允许。

"俞"的本义，只在古文中出现，现在只作姓氏用。

"俞"作为偏旁用，大都有"穿行、渡过"的意思，表示由此及彼。如逾、输、渝、愈、偷。

也有人认为，金文的"俞"字，是用尖物"挖木成舟"，也就是用刀挖空树干做独木船。这是个会意字。

用刀挖空树干做船是本义。既是船，表示船一步步向前，也就有了渡过的意思。这样又回到前面说到的船主发命令，船工一声声地应允。所以说，"俞"字表示允许，称之为俞允。由此可见，对"俞"字的两种说法，虽有差异，但结论相同。

无人偷——俞

唐代大诗人李白，从小便才思敏捷。五岁那年，他跟父母一起迁居到四川青莲，住下不久，他父亲就开始四处打听，想为儿子找个有学问的老师。

这年春天，一位远道而来的客人敲开了李白家的门。李白彬彬有礼地问道："请问伯父尊姓大名，有何贵干？"

客人微笑着说："我姓'无人偷'，快去告诉你的父亲吧。"

李白细细思量了一下，高兴地一拍手："我知道啦，您就是家父常常提起的那位俞岛伯伯吧？快请进。"

来人正是俞岛，是应李白父亲的邀请，来做李白的启蒙老师的。他摸摸小李白的头，问道："你怎么知道我是俞岛呀？"

李白说："你说你姓'无人偷'，这没'人'字的'偷'不就是'俞'吗？您不是俞岛伯伯还会是谁！"

俞岛哈哈大笑，对这个知书达礼、天资聪颖的小家伙，一见面就喜欢上了。

一字一世界

心情舒畅很愉快

yú 愉

金文 愉
小篆 愉
隶书 愉
楷书 愉

　　古代的"愉"字，是个左右结构的形声字兼会意字。左边的竖心旁是形符，表示跟人的心理活动有关，右边的"俞"字是声符。这两个字形组合在一起，指"人的心情很舒畅，很快乐"。

　　古人为什么用"俞"字作"愉"字的声符呢？因为古代的"俞"字是个会意字。它指将一根很粗的树干，将当中掏空，制作成一艘能供摆渡用的木船，也指挖凿而成的独木舟，本义指"将木挖空而成的小木船"。按我们的体验，人在河边无法过河时，能找到一条小渡船，那是何等的喜出望外！人乘着木船，荡舟水上，那种心情是何等舒畅！所以古人用"俞"字作"愉"字的声符并会意。

　　最早的"愉"字写作"愈"，隶变后将"心"字放到左边，楷书写作"愉"，"愈"字作为异体字。后来这"愈"字借用作"瘉"，表示病情好转。现在简化为"愈"，本义指"病好了"，也有强、胜过、越发、更加的意思。

　　"愉"字的本义指"高兴，快乐"，如快意、舒畅称"愉快"，喜悦称"愉悦"。

"愉"快的小偷

这天，无锡东门中学的杨老师，给"汉字教学课题组"的同学们讲"愉快"的"愉"字。他在黑板上写出十几个跟"愉"字字形相似、读音相近的字，如揄、渝、瑜、蝓、褕、喻、愈、谕、榆、逾、觎……

杨老师坦率地承认："其中有些字我也把握不准，但我们对它们应有所了解。例如电视里常提到有些国家觊觎（jì yú）我国领土，这个'觎'字就是指希望得到。"

这时，一直在不停地翻阅字典的金一鸣，提出个奇怪的问题："杨老师，你漏了个'偷'字。这'偷'字跟'愉'字太相似啦。'偷'字为什么用'俞'字作声符呢？它跟愉快有什么关系呢？"

杨老师说："问得好！这个问题也曾困扰过我。我找到了个答案，但不知对不对，我先讲个童年生活的小故事吧。

"小时候，我住在乡下外婆家。外婆怕狗儿咬人、猫儿抓人，就养了只小白兔，用绳子拴着给我当宠物。一天下午，我牵着小白兔到打谷场玩，看到有户人家，将一堆萝卜干晒在芦苇席上。小白兔见了，拼命地想跑过去吃。我呢？见红白相间的萝卜，也想尝尝。但我记着父母的教导，不能随便拿人家东西，可心里实在想吃萝卜干，也想让小白兔吃几块。我见四周没人，想伸手但又不敢。不拿，又很想吃，就这么一会儿伸手，一会儿缩手，一会儿扭头看看四周，一会儿看看眼前的萝卜干。我既紧张，又害怕，又刺激，又有点儿小愉快……这时，一位老奶奶走过来，她抓了一大把塞进我的口袋里。

"这段经历，使我解开了'愉快'的'愉'字和'小偷'的'偷'字之间的疙瘩。'俞'字是独木舟，在水上划船是多么愉快啊。小偷偷人家东西，既紧张又害怕，既充满希望，又感受刺激。正如不少人喜欢探险一样，在海底、山谷乃至太空，他能不害怕么？这也像乘过山车、坐天轮椅这类惊险的游戏，每个人都是在紧张兴奋中大喊大叫，同时享受着那种紧张刺激中的愉悦。

"想到这些，我就想，'偷'是不是也有点这个味儿？要不，世上有些亿万富翁怎会有偷窃的爱好，有些还偷窃成癖呢。"

一字一世界

高大粗壮的榆树

yú
榆

甲骨文的"榆"字是个左右结构的形声字兼会意字。左边的"木"字旁为形符，表示跟树木有关。右边的"俞"字作声符兼表意。这两个字形组合在一起指"榆树"。

古人为什么用"俞"字作"榆"字的声符呢？

古代的"俞"字，其本义为"水上行船"。也指将榆树的木头挖空做成的原始小船。可见榆树的高大及木料的坚实，所以"榆"字用"俞"字作声符并会意。

榆字的本义指"榆树"。

榆树是一种落叶乔木，叶子卵形，花有短梗，翅果倒卵形，叫"榆钱"。其木材可供建筑或制器具用。

"榆荚"指榆树的果实。

因为榆树的木料坚实，很硬，所以人们将思想顽固不化或脑子不开窍的人称"榆木疙瘩"或"榆木脑袋"。

"榆"字也作姓氏用。

榆 小篆

榆 隶书

榆 楷书

种"榆"树有"余钱"

在汉字文化中，有些字因谐音使人们产生联想，做出不同的理解，形成了不同的风俗习惯。

就拿种树来说吧，有些地方院子里不种榕树，认为"榕树不容人"。榕树高大，根深叶茂，遮光挡风，说它不容人，很有道理。

桑树曾是先民们必种的树，跟麻与梓树一样，受到人们喜爱。因为桑树叶养蚕抽丝织绸缎，麻可制绳索织麻布，梓树木质坚硬可制农具，这些树风光数千年，故有"农桑""桑梓"这些词。到了明代，谐音迷信大行其道，因"桑"与"丧"谐音，人们不再喜欢桑树了。有些地方盛行"门前不栽桑，屋后不栽柳，院子里不栽鬼拍手"。"鬼拍手"指杨树，因树叶大，被风一吹，哗哗作响。当然，也可能跟杨树高大挺拔，影响房屋通风采光有关。

桑树、杨树退出庭院后，槐树及榆树成了大多数人家庭院的树种，可能是因为"槐"与"怀"谐音而受人们喜爱吧。

榆树在北方农村也大受欢迎，人们爱种榆树的习俗，跟汉字的谐音密切相关。"榆"字与"余"字谐音，"余"有积余、余存、余裕、余利等吉祥的意思，所以受人们欢迎。恐怕也与榆树木质坚硬，是建房制作农具的上等材料也有关。

此外每到春季，榆树会开一种状如圆钱的花，俗称"榆钱儿"，也称"榆圈儿"，采摘下来可做成榆钱饭充饥。每当春天青黄不接时，"榆钱儿"能救人性命，所以它在北方农民心目中有特殊地位，并不仅仅是与"余钱"谐音的缘故。

但是，字的谐音联想也有其多样性。同样是槐树、榆树，在陕北农村却被人们所忌讳。农民盖房不用榆木，因"榆"与"愚"谐音，谁喜欢愚笨呢？山西某些地区农民，忌用槐树建房，因"槐"字当中有"鬼"字，谁肯与"鬼"同住呢？

由此可见，有些民俗与汉字读音联想有关，这些联想，有它的随意性和任意性，我们除了"入乡问俗"，还必须"入乡随俗"，有些事你不必太认真。

一字一世界

戴虎头面具娱乐——虞

yú
虞

甲骨文
金文
小篆
虞 隶书
虞 楷书

说到"虞"字，要先说"吴"字。

在甲骨和金文中，"吴"字是个会意字。字形像一个歪着头婀娜起舞的人。上面的"口"字既表示头部，也突出边舞边唱的意思，指歌舞娱乐。

小篆的字形使齐整齐化，隶变后的楷书写作"吴"。你看，多么像个歪头跳舞的人啊。如今简化作"吴"，文字化，不再图像形了。

"吴"字的本义是"歌舞娱乐"。"吴"字是"娱"字的本字，是最早的"娱"字。

"吴"字由本义引申指"大声欢唱喧哗"，又表示"舞动"，又借作地名、国名、姓氏。"吴"字为借义所专用，古人就在左边另加义符"女"字写作"娱"，专门表示"娱乐"。后来又借"虞"来表示"娱乐"。上面是"虎"字头，表示头戴虎头面具在跳舞娱乐，犹如今人的"面具舞会"。"虞"字读"yú"，表示"欢乐"。隶变后的楷书写作"虞"，现简化为"虞"。"虞"字的本义指"娱乐、欢乐"。

因人头戴面具看不清楚，所以"虞"字引申表示"猜想、预料"。如"疏虞"，指考虑得不周到；"以备不虞"，指以防备疏忽，没考虑周全。

"虞"字由"猜想、预料"又引申指"忧虑"，如兴修水利，水旱无虞。又引申指"欺骗"。成语"尔虞我诈"，指你欺骗我，我诈骗你，形容互相玩弄手段欺骗对方。在这儿，"虞"字表示"欺骗"。"虞"字是传说中的朝代名称，舜所建立。"虞"是周朝国名，在今山西平陆东北一带。

"虞"字也作姓氏用。

"虞"和"尔虞我诈"

这年,楚庄王派大臣申舟到齐国访问,途中要经过宋国。楚庄王令申舟不必向宋国打招呼,直接过境。申舟几年前曾冒犯过宋国,这次又擅自越境,被抓住后,宋国大将华元认为这是楚国对宋国的冒犯,就将申舟杀了,以此回击楚国。这下就中了楚庄王的诡计。因为楚庄王存心让申舟送死,为的是有个攻打宋国的借口。

楚庄王亲率大军,以大将子反为前锋,将宋国都城围了个水泄不通。宋国军民在华元的率领下,共同抗敌,英勇奋战,使楚军伤亡惨重,损耗很大,一时很难将宋国都城攻下。

双方僵持了九个多月,宋国都城里的军民战死、饿死大半;而楚国士兵粮草也尽,不少士兵临阵逃脱,回家种地了。

为打破僵局,华元心生一计。这天深夜,华元身藏匕首,让士兵用绳子将他吊下城墙。他换上楚军服装,悄悄摸到子反的军帐。由于连日作战,人困马乏,子反睡得很沉。华元将他摇醒,用匕首抵着他的喉管,低声喝道:"别声张,我是宋将华元,奉宋君之命,来与将军议和。你若答应此事,双方就此罢兵。你若不答应,今夜你我同归于尽!宋国军民亦与都城共存亡!"

子反一听华元是来议和的,正中下怀,忙说:"两军议和,我亦有此意,好商量!好商量!"

子反同意议和,两人对天发誓,明日即签订和约。华元飞快离去,由士兵放下绳索,将他接回城楼。子反也立即向楚王汇报。楚王见局势如此,也只好同意议和。

第二天,楚军退后三十里,楚宋两国签下了盟约。《左传》一书中记载道:"我无尔诈,尔无我虞。"这话的意思是:我不欺骗你,你也不用防备我。其中的"尔"指"你"。"虞"指"欺骗""担心"的意思。表示双方互信,互不侵犯。为示诚信,华元自愿到楚国当人质。

后人将《左传》中的这段记载,概括成"尔虞我诈"这一成语,比喻互不信任,相互欺骗。

心智反应迟钝者——愚

yú
愚

"愚"字是个上下结构的形声字兼会意字。上面的"禺"字读"yú",作声符并会意。"愚"字下面的"心"字是声符,表示跟心理活动有关。"心"字与"禺"字组合,指"心智反应迟钝的人"。因讲的是心智反应迟钝,这跟心理活动有关,所以古人用"心"字作"愚"字的形符。

古人为什么用"禺"字作"愚"字的声符呢?

金文的"禺"字是个象形字。字形上面是"鬼"字头,本是大猩猩的头,下面是一条长尾巴,整个字形是猿类动物简单图形,"禺"字的本义指"大猩猩一类的动物"。因猩猩似人非人,跟人相比显得蠢笨,所以古人在"禺"字左边加单人旁作义符另造个"偶"字,指模似物体的偶像。又在"禺"字下面加个"心"字,表示"愚蠢"之义。由此可见,古人将"心"字与"禺"字组合,是指猩猩一类动物反应迟钝愚笨,所以才用"禺"字作"愚"字的声符。

小篆的字形由金文演变而来。楷书的字形由小篆演变而来,写作"愚"。

"愚"字的本义指"笨、傻、呆",如头脑迟钝,不灵活称"愚笨";形容人极端愚蠢称"愚不可及";愚笨痴呆称"愚痴";愚笨,不聪明称"愚蠢";愚昧鄙陋称"愚陋"。还有愚昧、愚蒙、愚氓(méng)、愚顽、愚妄等词。

"愚"字由本义假借指"欺骗",如愚弄,被人所愚。"愚"字由本义引申指"使愚蠢",如愚民政策。

愚字作谦词用,如自称愚兄、愚见、愚以为不可。

"愚"字也作姓氏用。

金文

小篆

愚
隶书

愚
楷书

"愚"忠透顶的龙武

三国后便是魏晋南北朝时期。北魏孝文帝临死前立下诏书，由元禧进京，辅助儿子继承王位。

元禧是宗室大臣，时任太尉，封咸阳王。此人品性恶劣，骄奢成性，且贪得无厌。他已是皇室成员，但仍贪赃枉法，巧取豪夺，侵占民财。他以家中奴仆及手下官员的名义广营田产，开采盐铁，搜刮钱财。

元禧进京辅助年少的宣武帝。几年后，宣武帝年长，亲理朝政，元禧的种种恶行毫无收敛，反而变本加厉，宣武帝看在眼里，恨在心头，对他厌恶。元禧也看出苗头，便与自己的亲信商讨对策，准备杀了侄儿，自己称帝。对此，他的部下龙武极力反对，为他分析形势，讲明利害得失，要他千万莫做这大逆不道的事。但其他人都鼓动元禧起事。不料，此事泄漏，宣武帝以迅雷不及掩耳之势，一举粉碎了元禧的阴谋。元禧仓促逃出洛阳，其他人作鸟兽散，跟随他的只有龙武一人。

当晚，两人逃到洛水边，只见茫茫洛水，无法渡过，只得躲在草丛中栖身，两人以背相依，苦等天明再作打算。龙武埋怨元禧平日过于贪婪，不纳忠言，闯下今日大祸，恐是死无葬身之地。他想自己从未分享过元禧一丁点不义之财，但如今却恪守主仆情谊，抛妻别子，随他落难，不由感慨万千。为解元禧恐惧之心，他便出个谜语让元禧猜：

眠则同眠，起则同起；贪如豺狼，赃不入己。

元禧说："这是眼睛。"龙武道："这是筷子。"

龙武借这则谜语，表明他像一双筷子那样，与他同生死，共患难，且不计报答。

元禧听罢，苦笑道："眼睛也罢，筷子也罢，只求你与我同生死了。"龙武听出元禧有悔悟之意，慨然应道："若能与主公同命，虽死无憾。"

天刚亮，宣武帝追兵赶到，将二人捉拿，就地正法，砍下了头颅。世人评价龙武说："好端端一位壮士，却忠于元禧这样的人，可算是愚忠透顶了。"这段历史故事，也为"愚"字作了个生动的注释。

一字一世界

鸟翅膀上的长毛——羽

yǔ 羽

甲骨文
金文
小篆
隶书
楷书

甲骨文、金文和小篆的"羽"字，都是左右结构的象形字。字形像鸟翅膀上长的两根长毛。

小篆的字形由甲骨文演变而来。楷书的字形由小篆演变而来，写作"羽"。"羽"字是部首字，凡由"羽"字组成的汉字大都与"翅"或"羽毛"有关。"羽"字的本义指"羽毛"。羽是指鸟类身体表面所长的毛。鸟类的"羽"和兽类的"毛"合称"羽毛"，也用来比喻人的声誉。鸟类的羽毛在春秋两季脱落，换新的羽毛称"脱羽"。鸟类头顶上竖立的长羽毛称"羽冠"。昆虫由蛹变成虫，或指迷信的人指飞升成仙，或作婉词，道教徒称人死为"羽化"。

光滑像缎子的棉织品称"羽缎"，还有"羽纱"。"羽"字也作鸟类的代称，泛指鸟。如古诗"池清少游鱼，林浅无栖羽"，这里的"羽"指"鸟"。

羽毛可制成扇子，如诸葛亮手中拿的就是"羽毛扇"，所以人们将出谋划策的幕僚或参谋人员称"摇羽毛扇子的"。也称作"鹅毛扇"。因羽毛助翅膀飞翔，所以"羽"字又引申指"党徒"，恶势力团伙除首领外的人员称"党羽"，也称"羽翼"。

"羽"是古代五音之一。"羽"字也作量词用，用于鸟，多用于指鸽子。

"羽"字也作姓氏用。

"羽"和"羽翼"

"羽"字指羽毛，也指鸟类或昆虫的翅膀。

刘邦当皇帝前，娶吕氏为妻。当皇帝后，封吕氏为皇后，按规矩，把吕氏的儿子立为太子。

刘邦成了皇帝，三宫六院，七十二妃，享尽荣华富贵，不过他也有烦心事。他所宠爱的戚夫人生了个儿子取名如意，这如意活泼可爱，刘邦很喜欢他，出生不久，就封他为赵王。岁月匆匆，一晃几十年过去，刘邦垂垂老矣，他想废掉太子，改立赵王为太子。吕后得知此事，焦急万分。为保住儿子的地位，她求助于当朝元老。最有计谋的张良为她出了个绝招：让她请"商山四皓'hào'"来辅佐太子。所谓"商山四皓"，指的是商山这地区的四位有名望、有才学的白发老人，年龄都在八十以上了。由这四人充当太子的高级参谋，为他出谋划策。吕后又鼓动其他老臣，对另立太子的事表示反对。刘邦无奈，只好等待时机。

这一年重阳节，刘邦设宴招待朝中老臣，太子也来作陪。在宴席上，刘邦看到太子身后有四位老人随侍左右，他心生疑问。身旁有人告诉他，这四位就是闻名遐迩的"商山四皓"。刘邦对这四人早有所闻，十多年前曾派人请这四人出山，帮助治理国家，但他们都婉言谢绝，而今日他们都一块儿出来辅佐太子，真让他惊异。

四位老人见皇上关注他们，便向刘邦敬酒，然后告辞而去。

回到内宫，刘邦将今日碰到四位老人的事告诉戚夫人，并说了这段话："朕欲易之，彼四人辅之，羽翼已成，难动矣。"

刘邦这话的意思是：我本想换太子，但这四人却辅佐太子，可见太子的羽翼已丰满，很难再改变了。刘邦说罢，十分伤感，戚夫人听了，欲哭无泪。她已预感到将来她母子的悲惨下场。

"羽翼"指鸟类的翅膀。鸟靠翅膀才能飞行。翅膀在鸟的身体左右两侧，因此人们以此比喻在身边辅助的人或一支辅助的力量。这股力量强大了，便称"羽翼丰满"，要改变已十分困难了，后来就成了"羽翼丰满"这个带有贬义的成语。

从云层降落地面的雨滴

yǔ 雨

甲骨文

金文

小篆

隶书

楷书

    甲骨文的"雨"字是个象形字，也是指事字。字形上面的一横表示天，也可看作是云层。一横下面分三行的六个小点儿表示落下的雨点。

    金文的字形承接甲骨文，雨点少了两个。小篆的字形使其整齐化，已接近今文。隶变后的楷书写作"雨"。

    "雨"字的本义指"下雨"。雨是因水蒸气升到空中凝聚成云，云里的小水滴增大到不能浮悬在空中时，就下降成雨。形成的小水滴称"雨点"。雨水多的季节称"雨季"，某地区降雨的情况称"雨情"，大而急的雨称"暴雨"，连绵不断的雨称"苦雨"，黄梅天下的雨称"梅雨"，天阴又下雨称"阴雨"。还有雷雨、淋雨、落雨、春雨、喜雨、求雨、谷雨、烟雨、细雨等词。人们把老朋友称为"旧雨"，初春的雨称"新雨"。"新雨"也用来比喻新朋友。

    "雨"字由本义引申指"与雨有关的用品"，如雨衣、雨鞋、雨伞、雨布、雨帽、雨具等词。"雨"字是个多音字，读作"yù"时，由本义引申指"下，落下"，如雨雪、密云不雨。这里的"雨"字是书面语，作动词用，指"落下"。

"旧雨"和"新雨"及"今雨"

有句既雅又俗的古语："旧雨新知"。在这儿,"旧雨"指老朋友,"新知"指新朋友。新的知己称为朋友,这可以理解,而"旧雨"为何被看作是"老朋友"呢?

这个词的典故跟唐代大诗人杜甫有关。

纵观杜甫的一生,他在十四、五岁时就在文坛斩初露头角。从二十岁开始,他就四处漫游,饱览祖国河山壮丽的景色,这是他一生中最为快意的时期。三十多岁时到长安,但参加科举考试失败,生活潦倒,不得不向达官贵人请求推荐,但未能如愿,直到四十四岁,才被任命为管理库房的小官。

在此期间,杜甫向唐玄宗献上《三大礼赋》,得到唐玄宗的赏识。这下,不少趋炎附势之辈以为杜甫受皇上青睐,前程无量,便纷纷前来巴结,一时间门庭若市。过了一段时间,杜甫并无升官迹象,当时他又患疟疾,卧病在床,更是贫痛交加,正巧秋雨绵绵,过去巴结他的"老朋友"一个也没来登门看望,以致门可罗雀,无人相助。

这天,有位姓魏的进士,冒雨前来探望,说自己即将赴外地做官,向杜甫辞行。

魏进士走后,杜甫思绪万千,感慨万分。于是写下了一篇《秋述》,感叹自己怀才不遇,又悲叹人情冷暖、世态炎凉。他写道:"秋,杜子卧病长安旅次,多雨生鱼,青苔及榻。常时车马之客,旧雨来,今雨不来。"这段话的意思是,前些年雨时那些老朋友常来看望我,而今日遇雨却没人来了。这句话让人听了,深感酸楚。

杜甫这篇《秋述》,写的是自己失落哀伤的心情。自此,"旧雨"就成了"老朋友"的代名词。"今雨"或者"新雨"也就成为"新朋友"的代称。如宋朝诗人张炎在《长亭怨》中写道:"故人何许?浑忘了江南旧雨。"南宋爱国诗人范成大所写的《丙午新正书怀》中写道:"人情旧雨非今雨,老境增年是减年。"其中"旧雨"都作"老朋友"解,"新雨""今雨"均作"新朋友"解。

囚犯死于狱中——瘐

yǔ
瘐

"瘐"这个字，我们已很少见到，也很难用到了。提到这个字，就得从"臾"字讲起。在金文中，"臾"字是个会意字，读"yú"，字形像双手拖着一个无头死人。也有人认为，是用手拽着头发在地上拖拉的意思，本义指"拖拉着被捆绑的死囚"，也指囚犯因病死在狱中，把这称之为"臾死"。也许掩埋死人的地方土地肥沃，所以"臾"字又用来表示肥沃。肥沃的土壤称"臾壤"，因"肥沃"而引申指"肥胖"，长得丰满的人称"丰腴"。还引申指"丰富"。

现在的"臾"字只用来表示时间短促，与"须"字组成"须臾"一词。"臾"字作偏旁用后，肥沃、肥胖之义由"腴"字承担了。病死狱中之义由"瘐"字来承担。

这"瘐"字就变成了一个形声字兼会意字。外面的病字旁作形符，表示跟疾病有关，里面的"臾"字是声符，读"yǔ"。这两个字形组合在一起，指"囚犯死于狱中"。因指死亡，所以"瘐"字用病字旁作形符。

古人为什么用"臾"字作"瘐"字的声符呢？因为最早的"臾"字就有拖拉被捆绑死囚的意思，所以"瘐"字用"臾"字作声符并会意。

"瘐"字的本义指"囚犯死于狱中"。在古代，把囚犯在狱中因冻饿、生病或受刑而死称"瘐死"或"瘐毙"，也泛指囚犯在监狱中生病而死。

瘐 小篆

瘐 隶书

瘐 楷书

"瘐"死与瘦死

清朝道光年间,朝廷有位刑部尚书名叫周文龙,此人学识浅薄,想必是靠暗地里使银子,又依仗权势、溜须拍马才担当要职的。后来,他兼管京城及河北的几大监狱,每日要批阅大量公文。

这天,从河北保定监狱送来一份公文,上面有"狱囚瘐死"的文句。周文龙读罢,提笔把"瘐"字改为"瘦"字,还厉声训斥送公文的文书:"尔等不学无术,连个"瘦字"都不会写,怎能为官?"

送公文的文书战战兢兢地回答道:"禀告大人,此乃狱囚因病瘐死,而非瘦死!"

周文龙不识"瘐"字,仍自以为是,怒斥道:"本官任职多年,虽刚接管监狱之事,但对其中内情还是有所耳闻的,只听说狱中囚犯饿死、病死或互殴致死,何来瘐死?你明明要写的是瘦死,却说出这等话来,想蒙骗本官么?"

文书吓得语无伦次,连声说:"是,是……,小人不敢,想必这囚犯是饿死的……"

周文龙听了,这才平息怒气,将公文退还文书说:"囚犯在狱中吃不饱,一天天瘦下去,以致骨瘦如柴,哪有不死的?今后不许再将'瘦'字写错,如若再犯,严惩不贷!"

美石上也有斑点——玉

yù
玉

甲骨文

金文

小篆

隶书

楷书

　　从甲骨文看，"玉"字是个象形字。像什么？像雕琢成片状的精美的玉石，用绳子串起，作为装饰品，这就是"玉"字的字形。

　　古代的"玉"字，由三片玉石串成，绳子的两头都露在外面，后来穿玉的绳子不再外露，这样一来，"玉"字与帝王的"王"字很相似。它们之间的区别仅在于，"王"字上面两横靠得近，而"玉"字的三横间的距离相等。但这样仍然很难分辨"王"与"玉"，后来古人便在"王"字的腰部加了一点，以示区别。为什么加一点，而不加别的笔画呢？看来古人是费了一番心思的。

　　在古人心目中，玉石不仅仅是光滑、精美的石头，而且具有神秘、神奇的力量。人若佩戴上玉器，能驱灾避邪，医治百病，延年益寿，直到今天，还有许多人喜欢佩玉、玩玉。

　　既然玉石如此精美可贵，古人为什么要在上面加一点呢？这就说明古人看问题已有一分为二的观点了。他们认为，世上没有完美无缺的事物，即使精美的白玉，也有瑕疵、斑点。这一点，指的就是玉上斑点的位置。成语"白璧微瑕"就是这个意思。

　　"玉"字的本义是指"质地细而光滑的矿物"，因精美珍贵，所以用来比喻美丽、洁白、高尚，如玉颜、亭亭玉立、玉洁冰清。

　　因为珍贵，所以又用来作为敬辞，指女性时，往往称"玉体""玉音""玉照"。办了件好事称"玉成"。

王字上加一点——玉

唐朝宣宗年间,曲阜有个叫任王的人中了状元,受到宣宗皇帝召见。

宣宗皇帝见到这人的姓名,心里暗自嘀咕:我才是人中之王,一国之主。你一个新科状元,也敢自称为"王"?于是,他便对任状元说:"你的名字不太好,朕赐你在王上加一点吧!"

过了几天,任状元向宣宗皇帝进了一份奏折,宣宗见署名竟成了"任主",不由火冒三丈,怒喝道:"大胆,我让你改名为'任玉',你竟敢抗旨违命,私自改成'任主',这一国无二主,你也称主,是想跟朕分庭抗礼不成?你说,改名为'任主',是何道理?"

任状元听了,吓得一哆嗦,急忙解释:"启奏万岁,您赐微臣这一点,微臣只敢顶在头上,哪敢夹在腰间,所以只好改'玉'为'主'。"

宣宗皇帝一听,也就没话可说了。

根部可食的芋头

有些汉字，字形相似、字音相近，但意思完全不一样。

芋，读"yù"，小篆的"芋"字是个上下结构的形声字。上面是草字头，表示这个字与草木有关。"于"作声符，"芋"的本义指"芋艿"，也就是芋头。芋头叶子很大，根部可食。也泛指薯类食物，如山芋、洋芋头。

"竽"读"yú"，小篆的"竽"字是个上下结构的形声字。上面是竹字头，表示这个字与竹子有关。下面是"于"，作声符，"竽"字的本义是指"用竹子制作的像笙一样的管乐器"。成语"滥竽充数"中南郭先生吹的就是这种"竽"。

"芋"和"竽"字形相似，意义不同，很容易搞错。

[瓦当欣赏]

秦汉画像瓦当

能吃不能吹的芋

这一年,东南艺术学院民乐系招生。一位善吹笙、笛、箫和竽的考生前来应考。他的演奏水平不错。主考的民乐家黄教授颇为满意,频频点头,表示赞许。

这位考生见黄教授面有喜色,很受鼓舞。为了巩固成果,他赶回住所,立即给黄教授写了封信,亲自送去。

考生的信,主要表白自己热爱民族乐器,并一再要求跟黄教授学习吹竽,以吹好竽为自己的终生追求。可惜他将"竽"字写成了"芋"。

黄教授看了信,打电话约他来面谈。他告诫这位考生:"年轻人,你可别忘了学好文化课呀。你决心要吹的不是芋,那是只能吃的芋,而且你也不能吃它一辈子呀。"

一番话,说得这考生面红耳赤。

手握笔的写字——聿

yù 聿

甲骨文
金文
小篆
隶书
楷书

甲骨文的"聿"字是个象形字。字的右上方是个"又"字,表示手。左侧像一枝笔,长长的笔杆,下面还有三根须子,像是毛笔的笔头。

金文承接甲骨文,更像手握笔的形状。

小篆承接金文,但在笔头部位加了一横,表示这是刻写,而不是一般书写。

隶变后的楷书写作"聿"。"聿"字的本义指"笔"。

"聿"字的本义为笔,但古汉语中常被借用作语气词,也用作人名,后来作了偏旁,古人就在上面加竹字头写作"筆"来专门表示写字作画的"筆",如今简化为"笔"。"聿"字作偏旁,也可单用。凡用聿取义的字大都与笔有关。如書(书)、畫(画)、律(lü)、肆等字。

"書""筆"不全，无头无尾——聿

科举考试制度规定，读书人首先要在县府参加考试，考试及格了，才能成为"生员"，俗称"秀才"。考中秀才后，才算获得参加正式考试资格。接下来，首先是参加每三年一次，由省府主持的"乡试"。这种考试要连考三场，每场三天。乡试考中者成为"举人"，头名举人称为"解元"。考中"举人"，便具备了做官的资格。清代讽刺小说《儒林外史》中的范进中举，说的便是乡试中的情景。

这里说段小故事，讲的是乡试后一位考生的测字故事。

却说清朝乾隆年间，一年秋日，苏州府乡试，吴江有位考生名叫毕聿，考完后，虽然自我感觉良好，但总有点不踏实，听说测字名家范时行正巧回苏州，便带上礼品，摸上门去，请求测个字，问问前景如何。

范时行热情接待了他。问："先生测何字，问何事？"

毕聿恭恭敬敬地答道："在下姓毕名聿，想测个'聿'字，问问这次乡试，能否考中前几名？"说罢，坐到桌旁，写了个"聿"字递给范时行。

范时行接过"聿"字，看了又看，说："你写的这个'聿'字，像'書'（书）字吧，但没有尾巴。如果说像'筆'（笔）字吧，又没有头。'書''筆'不全，无头无尾，看字相'聿'字，已经跟诗书笔墨挂上了钩，可见你不至于落在后面，但也不可能是头一名，大约在二三名之间吧。"

毕聿问："先生，何以见得呢？"

范时行道："'聿'字乃'肆'字之半，故而我说你在二三名之间。"

毕聿又问："先生为何不能断定是第二名呢？"

范时行道："我看你写的'聿'字最后一笔拖得很长，与整体不相称，可见你也有率性行事之时，文风恐有不谨慎、不严密之处，故而给你扣了几分，有可能降为第三名。"

范时行这一解释，毕聿心悦诚服，拜谢而去。不久发榜，一切果如范时行所测，毕聿名列乡试第三名。

一字一世界

光明·明亮·明天——昱

yù
昱

古代的"昱"字是个上下结构的形声字。上面是个"日"字,与日月有关。下面的"立"字是读音。

"昱"的本义是"日光",表示光明、明亮的意思。

既然光明、明亮,又引申为"照耀"的意思,也作"明天"解释。

明 甲骨文

昱 金文

昱 小篆

昱 隶书

昱 楷书

东晋·简文帝《淳化阁帖》

《隶辨》

程立改程昱

关于"昱"字,有这么一个故事。

在三国时期,魏国有个人叫程昱,他本来的名字叫程立。为什么他要在"立"字上加"日"字呢?据说这和他做过的一个梦有关。

有一天,程立做了这样一个梦:他梦见自己突然腾空而起,飞到了太阳的身边,接着身体越变越大,变到最后竟脚踩大地、头顶蓝天了,直到这时,他才缓缓捧起了红日。

后来,曹操听说了这件事,便对他说:"既然苍天托这个梦给你,你不如就在'立'字上面加个'日'吧。"

打那以后,程立便改了名,成了程昱。

yù
狱

金文
小篆
狱 隶书
狱 楷书

两犬厮咬成狱

"狱"字的繁写与简写没有什么变化，只是当中的"言"字略有简化。金文和小篆的"狱"字由三部分组成。左边是反犬旁，也可当"犬"字理解。当中是"言"字。右边又是个"犬"字。这就是两"犬"夹一"言"。这是个会意字。

两条狗，一反一正，形成相互对立的态势，这有相互厮咬争斗的意思。以此比喻两人在法庭上互不相让、各说各的理由。这就是诉讼，俗称打官司。也许古人认为，打官司的人都不是好人，属于犬类，流露出厌恶的意味。

两犬当中的"言"字表示什么？难道是两犬所争论的话题么？看来不是。合乎情理的解释应该看作是评判是非的人，也就是现在所说的法官。在古人看来，只有公平断案的才算是人，不同于那些相互争斗的犬类。当然，这样理解也有些偏激。因为两家打官司，总有是非曲折，善恶之分，不能都看作是犬类。

看来，两犬夹一言，重在当中的"言"字。这"言"字表明要准确断案，判明是非。由此可见，"狱"字的本义是"诉讼、打官司"，便有狱讼一词。

法官断案后，总有一方败诉，成为罪犯。罪犯就要判刑，入狱，所以"狱"字就引申为"监狱、牢狱"，也便有了狱吏、下地狱、冤狱、文字狱这些词。

也有人认为，"狱"字是会意字。当中的"言"是"辛"的讹变，而"辛"是罪人，两犬看守罪人的地方就是"监狱"，本义指"监禁罪犯的地方"。

岳飞含冤入狱

相传南宋末年,抗金将领岳飞受奸臣秦桧陷害,奉皇帝命令,由抗金前线赶回临安。

半路上,岳飞夜宿镇江金山寺时,夜里他做了个梦,梦见两条狗在交头接耳,窃窃私语,岳飞对这一梦境十分奇怪。

天亮后,岳飞把这一梦境讲给金山寺的主持大和尚听,请他解梦。

大和尚略一沉思,劝道:"两犬对言,乃一'狱'字。将军回去,凶多吉少啊。"

金山寺的大和尚劝岳飞另打主张,不要自投罗网。

岳飞忠于皇帝,不敢违抗朝廷旨意。当天一早,他骑上马,带着随从又往临安赶去。

岳飞一到临安,便被奸相秦桧捉拿,关入牢狱。不久,秦桧以"莫须有"的罪名,在临安大理寺风波亭将岳飞和他的儿子岳云以及部将张宪都杀害了。

人在澡盆里洗浴

yù 浴

甲骨文

金文

小篆

隶书

楷书

    甲骨文的"浴"字是象形字，字形犹如一个人站在大澡盆子里畅快地洗浴。可看得出浴水在冒热气，浴者身上水珠四溅，十分生动形象。由此可知，"浴"字表示人在洗澡。由这一"浴"字，也可看古代人的生活习惯和风俗民情。

    小篆的字形由甲骨文演变而来，但变化较大，将"浴"字写成了一个左右结构的形声字兼会意字。左边的三点水作形符，表示跟"水"有关。右边的"谷"字作声符，读"gǔ"。这两个字形组合在一起，仍然是"用水洗澡"。

    古人为什么用"谷"字作"浴"字的声符呢？据说古人洗澡很讲究，其中有种擦身用具，形状凹如"谷"，所以古人用"谷"字作"浴"字的声符并会意。

    楷书的字形写作"浴"。本义指"洗澡"。

    人们在洗澡时都擦身，去足垢（gòu）、手垢、身垢，所以将此也称作"沐浴"。既表示洗澡去污垢，又用以比喻承受身体受到润泽或得到某种恩惠。因为人们洗澡会觉得全身舒畅、轻松、感到美好，认为这是一种享受。今人依然如此。

    洗澡的场所称浴池、浴场、浴室、洗澡的用具有浴缸、浴巾、浴盆、浴衣等。此外洗澡的方式有多种多样，如淋浴、海水浴、冷水浴、日光浴等。

"浴"后更衣更富裕

民国年间，南京三山街有家饭店，老板名叫胡德仁。此人厨师出身，做淮扬菜堪称一绝，就连扬州的名厨也到他手下学艺。后来自己开店，没几年名扬金陵，成了餐饮业的龙头老大。因财大气粗，胡老板待人接物就不那么谨慎了。也不知是何时因何事，得罪了何方神仙，他遭人暗算，说他家的菜肴里常年暗中加入罂粟，故而味道鲜美，引得许多食客上瘾。他被以贩毒罪关入大牢，家人只好将饭店转让，凑足了钱，好不容易将他从大牢里捞了出来。

按南京风俗，从牢里放出来的人，不能直接回家，而是要剃头洗澡，换身新衣裳，去掉晦气才能踏进家门。

胡德仁家人送来新衣新帽、新鞋，让他在三新池浴室剃了头，洗了澡，这才容光焕发地走出来。他一出浴室只见远房堂哥胡铁嘴迎了上来。胡铁嘴是南京夫子庙文德桥摆测字摊的测字高手。他今日来，是特地为胡德仁接风的。他拉住胡德仁的手说："兄弟，消消气，重头来。你有手艺在身，何愁东山再起！"

胡德仁停住脚步说："大哥，为我测个字，看我可有出头之日？"

胡铁嘴盯住他一身新衣新帽，问："测个什么字？我以字说事，不空口说白话。"

胡德仁想不出该测什么字，就指指身会"三新池浴室"的"浴"字说："我刚洗过浴，就测'浴'字吧。"

胡铁嘴略一思索，说："你刚洗过浴，又换一身新衣服，这就叫浴后更衣更富裕。'浴''裕'同音，你用水洗浴，洗去污浊，换上新衣，岂能不富裕？走吧，喝酒庆贺去！"

被他这一说，胡德仁顿时来了精神，跟着胡铁嘴大踏步走去。

这胡铁嘴利用"浴"与"裕"同音，巧借胡德仁浴后更换新衣这件事，把洗浴与富裕这两件事串联起来，鼓起了他重振家业的信心。

疆界内的地方——域

yù 域

甲骨文 ┗┓

金文 或

小篆 域

隶书 域

楷书 域

在古代，"或"字、"域"字及"國"（国）字这三个字同源，是同一个意思。甲骨文的"或"字是会意字，由表示城堡的"口"（城）和表示武器的"戈"组成，意思指"以戈守卫城池"。

金文的"或"字与甲骨文大致相同，只是多了两横作标志，以示范围的界线，表意更加明确。因为在古代，所谓的邦国，就是指一座城池及周围的地域。

后来的篆文为了与"或"相区别，在外面又加了个方框"口"，这个字读"wéi"，是象形字，小篆字形像环围之形，不同于"口"，加个"口"以突出范围之意。隶变后楷书写作"國"，如今简化为"国"。"國"字的本义指"国家"。外面的方框是形符，表示范围，里面的"或"字后来读作"huò"，作为代词，在这儿作声符。"國"字代表国家，为了分化字义，"國"字所包含的地区之义，古人就在"或"字左边加了个"土"字，另造了"域"字，专门表示"地域"之义。

我们详细讲了"或""域""國"的来龙去脉及相互关系。现在要说的是"域"，这是个左右结构的形声字兼会意字。左边的"土"字是形符，这与疆土范围有关。右边的"或"作声符，读"yù"。两形合一，指"一定疆界之内的地方"。

古人为什么用"或"作"域"的声符？因为"或"与"國"同义，所以用"或"作声符并会意。

"域"字的本义指"一定疆界之内的地方"，如：海域、疆域、地域、领域、境域、空域、流域、区域、水域、异域、音域、外域。

拈个"域"字测婚姻

却说民国末年,在南京夫子庙边上的三山街,出了个怪才名叫皮小虎。此人其貌不扬,又无一技之长。没办法,只好到秦淮剧场打杂,如若缺少什么角色,让他上去顶替。

你可别以为他真的无一技之长。深更半夜,他学驴喊马叫、学猿啼狼嚎、学虎吼狮啸、学鸡啼鸟鸣,那可真是惟妙惟肖,能把半条街的人惊醒。开始有人找上门要揍他,说好觉被闹醒了。过了些日子,有人找上门,要请他露一手,欣赏他的口技。

最看重皮小虎的,是文德桥摆测字摊的胡铁嘴。他俩是忘年交,那真是情同父子。

这天,皮小虎走来,一屁股坐在胡铁嘴测字摊的藤椅上,说:"老爷子,你给我测个字,看什么时候我能交桃花运,讨个美女当老婆!"

旁边人听了,暗暗好笑。胡铁嘴将布口袋扔给他:"以字说话,你拈个字!"

皮小虎伸手一摸,拈出个"域"字。他唉声叹气:"完了!完了!这个字跟美女老婆搭不上。让我重摸一个!"

胡铁嘴大喝一声:"别坏了规矩,拈到什么字就测什么字!"说罢,他翻开"域"字,连呼:"好哇!好哇!小虎呀,你真的要交桃花运啦!"

皮小虎装出哭腔:"亲老子,你别耍我啰!"

胡铁嘴当着围观的人说:"诸位在场,给我作个人证。不出三年,小虎必定抱得美人归!"

众人问道理何在,胡铁嘴测解道:"这'域'字左边的'土'字为斜土旁,下面是向上一撇斜过去。再说这'國'字里的'或'字,也是侧影形,向右斜。这两个字都有倾斜状,这就叫倾国倾城啊。倾国倾城的美女会追小虎哪!"

三年后,皮小虎被上海"大世界"看中,邀去表演口技,日进斗金,成了名角,何愁讨不到倾国倾城的美女?

这事儿真的被识人的胡铁嘴说中了。

因欠缺而产生欲望

yù
欲

金文
小篆
隶书
楷书

　　"欲"字是个左右结构的形声字兼会意字。右边的"欠"字作形符，表示跟有所欠缺有关。左边的"谷"字读"yù"，作声符并会意。

　　"谷"字与"欠"字组合，有两种解读。有人认为，"欠"字有缺少之意，凡欲望与贪心，都是因为缺少或不足而产生的。也有人认为，"谷"字与"欠"字组合，表示"人的欲望如山谷空旷，难以填满"。

　　这两种说法都有道理，不妨合而为一。欲望因欠缺而生，所以古人用"欠"字作"欲"字的形符。

　　古人为什么用"谷"字作"欲"字的声符呢？

　　"谷"字有两种读音，"山谷"读"gǔ"，"稻谷"读"gǔ"。但这个字也读"yù"，作古代民族"吐谷浑（hún）"读音时读"yù"。凡与"谷"字组字的"浴""欲""裕""峪"都读"yù"，这些字大都与山谷、河流有关。因为"谷"字指两山之间的水道、水不易满，人的欲望也不易满，这就是"欲壑（hè）难填"。所以古人用"谷"（yù）字作"欲"字的声符并会意。

　　楷书的字形由小篆演变而来，写作"欲"。

　　"欲"字的本义指"想达到某种目的或得到某种东西"，如欲望、欲念、私欲、性欲、情欲、纵欲、食欲、禁欲等。

　　"欲"字由本义引申指"希望、想要"，如欲罢不能，指"想在中途停下来不能"。"欲哭无泪"，指即使想哭也流不出泪水，表示极度悲痛。

　　"欲"字由本义又引申指"需要"，如量欲多而质欲精。"欲"字还引申指"将要"，如摇摇欲坠。

蚯蚓无鳞"欲"成龙

清朝乾隆年间,有位著名的戏曲理论家、诗人名叫李调元。李调元出生于四川德阳罗江。父亲是乾隆年间进士,曾作过官,算是官宦和书香世家。

李调元从小在父亲严格教育下攻读诗文,据说他五岁即读《四书》《五经》等经文史书。他记忆力过人,凡他看过的书,过目不忘。

李调元七岁就能吟诗作对。他写过一首《疏雨滴梧桐》,诗曰:"浮云来万里,窗处雨霖霖。滴在梧桐上,高低各自吟。"这首诗传抄乡里,被誉为"神童"。

父亲见李调元有这等灵气,十分高兴,更加细心培养。一天,父子俩坐在院子里谈论诗文。父亲看到屋檐角落有只蜘蛛在结网,他得一上联,便对李调元说:"元儿,为父有一上联,你仔细思考,对出下联。"李调元点头答应。他父亲吟道:

蜘蛛结网难罗雀。

父亲这上联,写的是眼前景象:一只蜘蛛在结网。若是仅仅如此,那就平淡无味了。但细细推敲,父亲这上联是否另有深意呢?我们不妨理解为:蜘蛛结网,只能网住小小的飞虫蝴蝶之类,怎么能网鸟呢?他是在告诫儿子,切勿志大才疏,要脚踏实地,做出努力。

李调元听罢,见花坛下有几只蚯蚓在翻土钻洞,便吟出下联:

蚯蚓无鳞欲成龙!

李调元这下联,使他父亲大为惊讶。蚯与龙相比,差距何其远。但无鳞的蚯蚓竟想腾飞成龙,这种冲天的志向,又是何等远大!父亲深知,人的欲望是无止境的,理想也是无尽头的。他没有再多说什么,只是用手慈爱地抚摸着李调元的头,他把一切疼爱和希望都聚集在温暖的手掌心中,都寄托在这轻柔的抚摸中。

在路上相逢——遇

yù
遇

金文

䢰
小篆

遇
隶书

遇
楷书

　　古代的"遇"字是个左上包围结构的形声字兼会意字。左下方的"辶"字是形符，这个字读"chuò"。在甲骨文中是个会意字，上面是"彳"字，读"chī"，指半条街，表示小步走。这个字形和"止"字组成。"止"字在这儿表示脚。这两个字形组合在一起，表示"在街上行走"之义。

　　"遇"字的右边是"禺"字作声符并会意，这个字读"yù"。"禺"字和"辶"字组合在一起，指"在路上相逢"。在路上相逢，首先必须走到一起才能相逢，所以遇字以"辶"字作形符。

　　古人为什么以"禺"字作"遇"字的声符呢？

　　在这儿"禺"字是"偶"字简省的写法。"偶"字有偶然碰巧之义，"遇"是在路上偶然碰巧相逢的，所以"遇"字用"偶"字简省的"禺"字作声符并会意。

　　小篆的字形是由金文演变而来的。楷书的字形是由小篆演变而来的，隶变后写作"遇"。

　　"遇"字的本义指"相逢，未约定而碰到"，如不期而遇、遇害、遇到、遇刺、遇救、遇难、遇险、奇遇、巧遇、遭遇等。

　　"遇"字由本义假借指"对待"，如待遇、礼遇、冷遇、知遇。由本义又假借指"机会"，如机遇、境遇、际遇、随遇而安。

"俞伯牙"和"遇伯牙"

春秋时代,有位名叫伯牙的琴师,从小酷爱音乐,拜著名琴师成连为师,后来也成了位出色的琴师。他弹的琴声优美动听,但很少有人听懂他的琴音。伯牙曾任晋国外交官,这一年奉晋王之命出使楚国。

八月中秋这天,他乘船来到汉阳江口,停泊在山脚下弹琴。他仰望明月,尽情发挥,沉醉在自己的琴声中。他偶然抬头,见岸边一位年轻人,正屏息凝神地听他弹奏。当他远望高山,表现泰山的雄伟时,这人赞叹道:"琴声美妙呀,我看到了泰山的壮丽。"当他凝视江水,表现长江奔流东下时,这人又赞叹道:"琴声美妙呀,就像江水奔浩荡!"伯牙听了,大为惊讶,就与这年轻人攀谈起来,方知他名叫钟子期,是附近的樵夫,因打柴回家晚了,路过时被琴声吸引而来。两人谈得十分投机,都相见恨晚,当场结拜为兄弟,相约来年中秋节,再到这儿相会。

第二年中秋,伯牙如约而至,但钟子期已病逝。伯牙极为悲痛,在钟子期墓前弹了最后一曲,深感世无知音,便将琴摔碎,终生不再弹琴。后人将此称为"知音",所弹曲名为"高山流水",用来比喻友谊的深厚以及理解自己的人十分难得。

这则故事在流传两千五百多年的过程中,出现了个谬误。很多人把姓伯名牙的"伯牙",改为姓"俞"的"俞伯牙"。

《吕氏春秋》记载:"伯牙鼓琴,钟子期听之"。东汉高诱对此注解时指明:"伯姓牙名,或作雅"。《荀子·劝学篇》也说"伯牙鼓琴,而六马仰秣"。指伯牙鼓琴时,马为听琴而忘了吃草。另有文献记载伯牙向连成琴师学琴的故事,都是说伯牙。

据史记载,钟子期是汉阳集贤村人,当地人以子期为荣,口耳相传一俗语:"子期遇伯牙,千古传知音"。冯梦龙在编撰《警世通言》一书时,曾到汉阳实地考察过,由于汉阳方言"子期遇伯牙"的"遇"字跟"俞"字谐音,就将此话误听为"子期俞伯牙,千古传知音"了。伯牙也就成了他笔下的"俞伯牙"。由于《警世通言》这部小说流传广泛,"俞伯牙"这名字就以讹传讹、以假乱真,传遍天下了。

使双方沟通知晓——喻

yù 喻

谕 小篆
喻 隶书
喻 楷书

　　古代的"喻"字是个左右结构的形声字兼会意字。左边的"口"字作形符，表示跟用口讲话有关。"喻"字右边的"俞"字读"yú"，作声符并会意。

　　"口"字与"俞"字组合，指"使双方沟通知晓"。因是指使双方沟通了解，这离不开讲话交流，所以古人用"口"字作"喻"字的形符。

　　古人为什么用"俞"字作"喻"字的声符呢？

　　金文和小篆的"俞"字是个会意字，指"挖空树木做的最原始的船"。本义指"水上行船"。由此可知，"俞"字为天然木舟，是古人沟通江河两岸的水上交通工具。"喻"字在沟通双方知晓上如同木舟往来于两岸，使两岸沟通相互知晓一样。所以古人用"俞"字作"喻"字的声符并会意。

　　隶变后的楷书写作"喻"。

　　"喻"字的本义指"使双方沟通知晓"。由本义引申指"说明、告之"，如说明、告之称"晓喻"；"喻之以理"，表示跟他人讲明道理；用不着说明就可以明白称"不言而喻"，这里的"喻"字指"了解、明白"；无法用言语说清楚称"不可言喻"。这里的"喻"字指说清楚，不可能用道理来开导、说服称"不可理喻"，以此形容态度蛮横，不讲道理。这里的"喻"字表示晓喻、开导。

　　"喻"字由本义引申指"明白、了解"，如"不言而喻""家喻户晓"，这里的"喻"字都是指"明白、了解"。"喻"字由本义假借指"比方"，如比喻、讽喻、借喻、譬喻，比喻的意义称"喻义"；告诫世人，使其明白道理称"喻世"；表明显示称"喻示"。

　　"喻"字也作姓氏用。

"喻"和"家喻户晓"

距今两千多年前的西汉时期，有位文学家、经学家、目录学家刘向，据说他曾编写过一本《烈女传》，其中记载着这么一篇故事。

古时候——两千多年前的刘向所说的古时候，那可算是远古时代啊。那时有个梁国。梁国有位女子名叫梁姑。梁姑单身一人，带着儿子，跟哥哥一家住在一起。这天，哥嫂在村外地里干活，梁姑在院子里的井边洗衣裳，自己的儿子和哥哥的儿子在屋玩耍。突然，屋子里冒出一股浓烟，接着茅草屋就腾起一片火光，烧了起来。火是从靠近门口的灶间烧起的，一刹那间，就把两个孩子的出路堵住了。梁姑见情况危急，奋不顾身冲进屋里，她心想一定先要把哥哥的孩子救出来，但屋里浓烟弥漫，分不清哪是儿子哪是侄儿，她抱起一个就往外跑。她跑到门外，放下一看，竟是自己的儿子。这里火势愈来愈凶猛，门口热浪滚滚，村民们赶了过来，齐心灭火，但火势已无法控制，梁姑也无法进屋去救侄儿。梁姑捶胸跺足，痛不欲生。村民们劝慰道："你已经尽力了，你哥嫂不会怪罪你的。我们也不会责怪你的！"

梁姑边哭边说："梁同岂可户告人晓也。"

她这句话的意思是：难道能去告诉梁国各家各户的人吗？让他们都能晓得其中的真实情况吗？从这句话中不难听出，梁姑认为，大家都会认为她是个自私自利、不仁不义的小人，她只顾救自己的儿子，却丢下侄子不管。这样她有什么脸见她的哥嫂呢。她有什么面目见梁国百姓呢？想到这儿，她趁人不备，纵身一跳，跳进熊熊燃烧的茅草屋里，被烈火烧死。

后人根据古书上记的"户告人晓"四个字，演化成"家喻户晓"这一成语。这里的"喻"字，指家家都明白、了解。